JN438431

나이 드는 즐거움

나이 드는 즐거움

이우철 수필집

수필과비평사

머리말

은퇴 이후에 집에 있는 시간이 많아졌습니다. 텃밭에 싱싱한 채소를 심고 풋풋한 고추, 탐스런 오이를 가꾸며 거짓 없는 땅의 소중함도 깨닫게 됩니다.

늦은 나이에 수필을 배우며 한편 한편 습작을 모으다 보니 제법 불어나 이렇게 한 권의 책이 되었네요. 아직은 문학적 소견도 깊지 못하여 어설프고 부끄럽기 짝이 없지만, 어쩔 수 없는 저의 한계임을 고백하지 않을 수 없습니다. 그래도 오직 저만의 흔적이요 삶의 궤적이니 버릴 수도 없어 용기를 내어 책으로 엮어보기로 했습니다.

글을 쓴다는 것은 자신의 아픔을 치유하며, 자신은 물론 이웃에게 기쁨을 주기도 합니다. 누군들 살면서 좋은 일만 있을까요? 먹구름 끼는 날도 있고 때로는 칠흑같이 어두운 터널을 지나기도 합니다. 행복했던 날보다 속상하고 나를 시험하는 날들이 더 많았습니다. 그럼에도 그 순간을 견디다 보니 삶의 보약이 되었고, 전화위복이 되기도 했습니다.

어느 후배의 말이 생각납니다. 50대가 될 때까지 아버지의 걸어온 길을 깊이 알지 못했는데 80세가 넘으신 아버지의 수필집을 읽고 그세야 이해하며 펑펑 울었다고 했습니다.

그렇습니다. 우린 살면서 같이 사는 아내에게도 어느 누구에게도 말하지 못한 응어리들이 있기 마련입니다. 어릴 때는 귀 기울여 듣지 않았고 청년이 되어가면서는 사회진출에 바빴을 것입니다. 요즘 젊은이들의 코앞에 닥친 문제가 얼마인데 시간에 쫓기는 아이들을 붙들고 구차한 과거 이야기를 털어 놓을 수 있었을까요?

뒤돌아보니 기댈 만한 버팀목도 없이 주어진 환경에 적응하느라 살얼음판을 밟듯 조심조심 여기까지 왔습니다. 그럼에도 저의 기도를 들어주시고 신기한 방법으로 인도하여 주신 나의 하나님께 감사와 찬송을 드립니다. 오랫동안 자주 접하지 못했던 어릴 적 친구들, 직장 동료들, 사회친구들과 신앙생활을 하며 정을 나누었던 여러 성도님들께도 이 책으로 안부를 전하며 소중한 인연을 같이하려고 합니다. 어느 한 분이라도 이 글을 읽으며 '맞아, 그럴 수 있어!' 하며 공감해준다면 더없는 보람이려니 싶습니다.

감히 올라갈 수 없는 길인 줄 알면서도 더 나은 글쓰기에 정진하려 합니다. 그간 따뜻하게 수필 쓰기를 지도해 주시고 발문을 흔쾌히 써

주신 김학 교수님께 진심으로 감사를 드립니다. 말도 안 되는 저의 작품을 놓고도 서로 격론을 벌이며 찬사를 아끼지 않았던 신아문예대학 문우님들께도 고마움을 전합니다.

글을 쓸 때마다 첫 독자가 되어 격려하며 조언을 아끼지 않았던 아내가 고맙고, 특별히 지난해 5월 주 안에서 잠드셨지만 늘 아들의 글샘이 되어준 어머니께 이 책을 바칩니다. 무엇보다 아빠의 하는 일에 든든한 버팀목이 되어준 아들 · 딸네 가족 모두에게 사랑과 감사의 마음을 전합니다.

2019년 봄, 전주 학산 기슭에서

牛耕 이 우 철

목차

1. 나이 드는 즐거움

2. 행복이 별건가요

3. 이삭을 줍게 하라

4. 마음의 여백

5. 버리기 연습

6. 무신불립

제1부

나이 드는 일이 어찌 보면 서글픈 일이지만 곳곳에 소소한 행복이 숨은 그림처럼 깔려 있다. 나이 만큼 깨달음이 늘어간다면 그 세월 또한 소중하고 알뜰한 것이다. 나이든 모습으로 젊음을 탐하는 것처럼 추한 것도 없다. 자라는 손자들을 보며 삭막했던 마음에 꽃이 만발하고 싱그러운 희망이 돋아났고 눈부신 햇살이 다가온다.

내 고향

고향이란 말만 들어도 눈시울이 뜨거워진다. 힘든 시절 함께했던 부모 형제들, 친구, 마을 사람들의 애환과 흔적이 묻어나는 곳이기에 더욱 그렇다. 고향은 나를 낳아주고 사회의 일원이 되도록 길러낸 삶의 보금자리가 아니던가.

나는 순창 적성(관평)에서 태어나 초등학교 2학년 때는 남원 양촌으로, 6학년 때는 다시 순창읍으로 이사를 다녔다. 그러다 보니 어디가 나의 고향인가 고민할 때도 있다. 나를 낳아준 적성은 정신적 고향이지만 내가 오래도록 뿌리를 내리며 학창시절을 보낸 순창읍 각시숲은 나의 실질적인 고향이 아닐까 싶다. 남원 양촌마을도 초등학교 4년간의 애환과 추억이 서린 곳이다.

은어의 고장 적성

내가 태어난 적성은 백제와 통일신라 때까지 현縣이었으나 고려에 와서 폐현廢縣 되어 순창군에 예속되었다. 마을 앞으로는 맑고 깨끗한 섬진강이 흘러 꺽지, 날치 등 민물고기는 물론 은어가 많았다. 어릴 적 넓게만 보이던 마을 앞 강가는 하얀 자갈이 눈부시게 깔려 있었고 여름철이면 천렵꾼들이 몰려들었다.

은어는 회로 먹어야 제 맛이 난다. 맛이 고소하고 담백하며 살이 탱글탱글하여 생긋한 초장을 찍어 먹으면 일품이다. 과거엔 사신들이 지나다 드넓은 평야와 가로지르는 강이 보이는 채개산釵砎山에 들러 며칠씩 머물기도 했으며 풍악과 천렵을 즐겼다니 그때도 풍광이 수려했음을 짐작게 한다. 1970년대 새마을사업이 시작되면서 군郡에서 섬진강변의 깨끗한 모래나 자갈을 팔아 부족한 재원을 충당하다 보니 자연이 훼손되고 수로가 변형되어 은어서식이 줄어들긴 했지만 섬진강 상류 물줄기가 좋아 아직도 많이 서식하고 있다.

몇 년 전 동계 장군목을 중심으로 적성댐을 건설하려다 주민들의 저항에 부딪쳐 무산되고 말았다. 댐을 막게 되면 임실 천담과 순창 장군목의 절경이 모두 수장될 지경에 있었다. 다행히 주민들의 의견을 받아들여져 그 주변지역은 자전거도로와 휴양시설, 전원주택단지가 들어서고 있으며 사계절 관광지로 새롭게 부상하고 있다.

언젠가 〈왕가네 식구들〉 TV 드라마에서 나문희 씨는 "6 · 25때 난리는 난리도 아녀." 하며 익살을 부리기도 했지만, 말이 그렇지 어찌 동족상잔의 비극을 잊을수 있으랴. 난 그해 순창 적성에서 태어났다. 멀쩡하던 부잣집 머슴들은 인민군 앞잡이로 돌변하여 주인에게 종부리를 겨누던 시절, 어머니는 갓 태어난 나를 업고 이웃마을 외가로 피난을 다녔다니 그 와중에 가녀린 목숨을 부지한 것만으로도 감사할 일이다.

네 살쯤 되었을까? 전쟁이 평정되고 관평마을에 난장亂場이 서고 농축산물 직거래장터가 생겼다. 싸전, 어물전은 물론 고구마, 감 등 농산물을 파는 장사꾼들이 즐비하였다. 닭이나 개, 돼지를 팔았고, 나뭇짐을 받쳐놓고도 팔았다. 시골에 돈이 귀하던 시절이었으니 곡식이 돈처럼 통용되기도 했다. 시장구경을 하던 나는 굉음을 내며 지나가는 비행기 소리에 놀라 그만 개울에 빠져 의식을 잃고 말았다.

당시 주변엔 변변한 병원이나 약국도 있을 리 없었다. 그래도 영하다는 돌팔이 한약방을 찾았는지, 양미간에 쑥불을 뜨고 침을 맞으니 의식을 되찾았단다. 지금도 남아있는 그 흉터는 어쩌면 이승 사람이 아니었을지도 모를 재생의 계급장이다. 그 뒤 회복을 위해 2년 동안은 무던히도 쓰다는 '갱그락' 약을 복용하며 지냈다.

6 · 25가 휩쓸고 간 뒤 오랫동안 우리 집 마루 밑에는 사용하지 않은 M1총 실탄이 크립으로 쌓여 있었다. 철모르던 우리는 무서운 흉기를 가지고 놀았으니 생각만 해도 끔찍한 일이다. 어느 누가 조심하라고 타이른 사람이 없었으니 위험천만한 일이었다. 초등학교 1학년까지 여기서 지냈지만 기억은 가물가물하다.

어머니가 그립던 시절

초등학교 2학년이 되면서 남원 양촌으로 이사를 했다. 양촌은 산촌마을로 4년간을 어머니 없이 우리 4남매는 할머니 손에서 자랐다. 고

부간의 갈등으로 어머니는 행상을 다니며 외가에서 생활하셨다. 너무 보수적인 집안에서 누구도 탓할 수 없는, 어쩔 수 없는 일이었다.

할머니의 보살핌이 아무리 크다 한들 어찌 어머니의 손길에 비하랴. 따뜻한 어머니의 손길이 아쉽고 따뜻한 사랑에 목말라 했다. 누님은 학업을 중단하게 되었고 할머니와 함께 동생들을 보살펴야 했으니 이 때부터 주부의 길에 들어선 것이다. 동생들 때문에 희생할 수밖에 없었던 누님에게는 한없이 미안하고 죄송하다. 피할 수 없는 무거운 십자가였을 것이다.

학교는 6 · 25전쟁 복구가 끝나지 않아 방치되어 있었다. 2학년 때 1년간은 산속 나무그늘 밑에 계단을 만들어 의자를 대신했으며 칠판을 아름드리 소나무에 걸어놓고 매미 울음소리, 새소리를 들으며 공부를 했다. 바람이 불고 비나 눈이 오는 날이면 수업을 중단할 수밖에 없었다. 다행히 1년만에 고개 너머 문덕초등학교가 완공되어 이사를 했지만 5km쯤 떨어진 곳이어서 재를 넘고 냇가를 건너 다녀야 했다.

미국에서 잉여농산물이 들어오던 시절, 점심은 1주일에 두 번씩 옥수수죽이나 우유로 나누어 주었다. 학생들은 모두 혁명공약을 의무적으로 외워야 했으며 등하굣길엔 '재건' 구호를 외치며 줄을 서서 다녔다.

매년 정월보름이면 마을마다 망오리불을 피웠고 동네 어른들이 사물놀이패가 되어 달빛축제가 이어졌다. 대나무를 통째로 베어 둥그렇게 세우고 저녁 어스름 달빛이 비추일 때쯤이면 불을 붙여 망오리불이 타올랐다. 어느 정도 열기가 고조되면 집집을 찾아다니며 우물, 장독대, 부엌에서 지신地神밟기를 했다. 마을과 주민들 가정에 좋은 일만 있기를 바라는 즐거운 민속놀이였다. 상쇠가 꽹과리를 치고 춤을 추면서 상모를 돌리는 모습은 아무도 흉내낼 수 없는 묘기였다. 이때 미리 준비해둔 홍어회에 막걸리 한 잔씩 마시며 덕담도 나눴다. 또 아이들은 인근 논두렁에 나가 쥐불놀이를 하고 활활 타는 깡통을 돌리며 인근마을과 횃불싸움이 벌였다.

각시 숲

6학년 때부터는 조부모님과 분가해 순창읍으로 이사를 했다. 조부모님은 숙부님이 모셔가게 된 것이다. 우리 일곱 가족이 둥지를 마련한 곳은 네 아름쯤 되는 당산나무가 있고 각시탑이 남아 있는 '각시숲(동은마을)'이었다. 당시 각시탑 주변으로 숲이 이루어져 있었다 하여 각시숲이라 불렀다.

우리 집 가까운 농고農高 가는 길목에는 큰 다리가 있었고 그 아래로 맑은 물이 흘렀다. 매운탕이 먹고 싶을 때는 물고기를 잡아 맛있는 반찬거리를 조달하는 보고寶庫였다. 다슬기를 잡기도 하고 벅수를 놓아 잡은 붕어나 꺽지, 쏘가리 등은 맛있는 매운탕 감이었다.

여름철 무더운 저녁이면 다리 밑에서 아낙네들의 목욕하는 일이 자주 있었다. 개구쟁이 아이들은 이를 놓칠세라 자전거를 받쳐놓고 헤드라이트 불빛을 비추어대면 겁에 질려 이리 몰리고 저리 몰리고, 마을

새색시들의 속을 무던히도 썩였다. 짓궂은 장난이었지만 뒤돌아보니 재미난 풍경이었다.

부지런하신 아버지는 늘 산비탈에 밭을 일구셨다. 2km쯤 떨어진 만고개는 군 소유의 공동산이라 먼저 땅을 파고 일군 사람이 주인이었다. 산비탈에나마 밭을 만들어 거름을 주고 열심히 가꾸면 먹을거리가 나왔다. 토질이 황토라서 무엇이든지 심으면 잘되었다. 거름을 내거나 가을걷이를 할 때에는 지게를 이용하거나 리어카를 이용했다.

아버지는 수시로 퇴비를 장만하여 밭에 거름을 내셨다. 오르막의 자갈길을 리어카로 운반하여야 하니 혼자서는 할 수 없는 일 아닌가, 일요일이면 "리어카 밀어라." 하는 불호령이 떨어졌다. 모처럼 밀린 숙제를 하다가도 곧바로 나서야 했으니 아버지가 야속하기만 했다. 깔끄막진 만고개를 어찌 아버지 혼자서 가실 수 있을까. '리어카 밀어라.' 아버지의 호령이 지금도 귀에 쟁쟁하다.

가을이면 그래도 고구마 수확량이 꽤 되었다. 눈이 펑펑 내리는 날 김이 모락모락 나는 빨간 고구마는 더없이 귀한 음식이었다. 가족이 둘러앉아 큰 양푼에 비벼 먹던 보리밥 추억은 잊을 수 없는 그리움이다.

우리 형제들이 지금도 건강한 것은 그 시절 빈곤을 겪어낸 축복이 아닐까. 아버지가 어렵사리 일구셨던 밭은 할아버지 할머니 산소로 변하여 명절날 성묘할 때면 옛 추억을 그린다.

내가 자라고 오늘이 있게 한 순창 각시숲은 가난에 몸부림치며 따뜻한 봄을 기다리던 삶의 터전이었다. 나와 동생들이 공직에 입문한 이래 그곳을 떠나 살지만 마음은 친구들과 고향을 그리워한다.

(2015. 8. 12.)

그리운 날

단골 지각생

내가 중학교에 입학하려던 즈음엔 너 나 할 것 없이 어려운 시기였다. 중학교 진학률은 40%를 넘지 못하였으며 교복 차림에 모자만 쓰고 다녀도 긍지를 느끼던 시절이었다. 곤궁하던 시절 나는 등록금마저 외상으로 다녀야 했다. 사립학교라서 가능했으리라. 어쩔 수 없는 환경이었으니 학비조달을 위해서라면 닥치는 대로 아르바이트 일을 찾아야 했다. 새벽엔 신문을 배달하고 저녁에는 인쇄소에 나가 일을 하며 학비를 보태야 했다. 당시 신문구독자들은 사회물정에 밝은 지역유지들이었다.

1960년대 초 골목의 밤길은 가로등이 없어 어려움이 많았다. 캄캄한 골목길을 다닐 때는 플래시를 이용하기도 하고 등을 가지고 다니기도 했다.

아침시간은 학교수업을 위해 바짝 서둘러야 했다. 9시 30분이 넘어야 일이 끝이 났으니 3년을 하루같이 단골 지각생을 면할 수가 없었다.

형편을 아는 선생님들은 땀에 흠뻑 젖어 들어오는 나를 격려해주셨다. 학교를 다녔기에 배움의 갈증에 목을 축이며 내일이라는 희망을 갖게 했다. 시간에 쫓겨 뛰어다니다 보니 체력은 좋아졌고 약자들의 마음을 이해할 수 있는 기회가 된 셈이다.

살면서 마음이 해이해지고 허튼 생각이 들 때면 어려웠던 지난날을 뒤돌아보며 곁길로 빠지지 않으려 했고 정신을 차렸다. 사랑하는 자녀들을 일부러 고생시킬 필요는 없지만 요즘처럼 온상에서 자라듯하는 아이들을 보면 나약해지지 않을까 하는 걱정이 앞선다.

세 친구

1968년 5월, 중학교를 졸업하고 고등학교 진학을 포기한 채 인쇄기술을 배우고 있었다. 1년간 기술을 배우면서도 배움의 갈증은 쉽게 가라앉지 않았다. 마침 제자들을 두루 사랑하시는 양운섭 선생님이 고등학교 교감으로 계셨기에 어렵사리 방문하여 속내를 털어놓았다. 입학 시기를 넘긴 5월 중순임에도 선생님께 상의를 드리니 부모처럼 흔쾌히 마음을 받아주시고 입학 준비물을 적어주셨다. 학교에 들어가니 나처럼 1년 늦게 들어온 친구들이 많이 있었다. 중간에 들어간 형편이라 책도 미처 준비할 여력이 없어 한동안은 옆에 있는 친구들의 신세를 지며 1년을 보냈다.

어떻게 들어온 학교인데, 2학년이 되어서야 정신을 차리기 시작했다. 같은 반 박명수, 서한양과 함께 삼총사가 되어 공부를 시작했다.

집에서는 공부에 전념할 수 있는 환경이 되지 못해 학교로 갔다. 학교에서는 저녁마다 교실을 개방하고 공부할 수 있는 여건을 조성해주었다. 우리는 저녁마다 학교로 갔으며 밤낮으로 교실을 이용한 셈이다.

우리가 공부를 시작하다 보니 갈수록 그 수가 늘어나 중학교까지 교실을 개방하게 되었다. 비록 신설학교였지만 선생님들은 열성을 가지고 가르쳤으며 이처럼 학습환경이 좋아지다 보니 점점 인재들이 몰려들어 명문사학으로 자리를 잡아갔다. 당시 중학교만 졸업하고 학교에서 궂은일을 도맡아 하던 H 형은 우리와 같이 공부를 하더니 일찍이 지방직 공무원시험에 합격하여 순창군청에서 과장까지 오르기도 하지 않았던가.

저녁공부 좀 하려들면 어찌 잠이 몰려오는지, 잠을 쫓기 위하여 대야의 차가운 물에 발을 담그기도 하고 약을 복용하기도 했다. 약을 먹으면 당장 효과는 있지만 다음날은 누구에게 한 대 얻어 맞은 것처럼 정신이 몽롱해졌다. 나는 아르바이트로 빠지는 날이 많았다. 그 뒤 두 친구는 서울시에, 나는 고향에서 공무원생활을 시작했다. 늘 집에 들러 나를 챙겨주던 고마운 명수를 지금도 잊지 못한다.

야간학교 선생님

군대를 제대하고 조그만 인쇄업을 운영하고 있을 때였다. 첫 사회진출이라서 작은 업체로 출발했지만 출판업계의 큰 그림을 그려보는 꿈도 있었다. 어려웠던 시절이라 중학교에 진학하지 못하는 학생들이 많았다. 자칫 잘못하면 불량서클에 들어가 불행한 삶을 시작한 청소년들도 있었다. 이를 위해 경찰서가 불우 청소년 선도를 목적으로 야간직업중학교를 운영하기 시작한 것이다. 낮에는 직장에 나가 일을 하던 청소년들을 모아 주경야독의 바람을 불어넣어 주기 위함이었다.

마침 농협대학을 나와 농촌운동을 하던 K 선배의 권유가 있어 함께 교사로 봉사하기 시작했다. 사업을 하거나 지역사회를 위해 관심이 있던 분들이었다. 당시 학생들은 나이가 많아 교사들과 별 차이가 없었다. 특히 여학생들은 조금만 가까이해도 이성적 감정을 느낄 만큼 성숙했다. 떨어지는 낙엽을 보고도 감상에 젖을 만큼 조숙한 동생 같은 제자들이었다. 이들은 늘 집에 와서 가사를 돕기도 하고 봄 · 가을이면 야유회를 즐기며 당시 풋풋한 마음의 대화를 주고 받았다. 2년간 배움의 갈증에 목말라하는 그들에게 정신적 지주가 되려고 노력했다.

배움은 제때를 놓치면 후회하기 마련이다. 다른 친구들은 학교에 나가 공부하는데 그들과 함께하지 못하는 심정을 생각하면 가슴이 아렸지만 어찌할 수 없는 일이었다. 30여 명의 학생들은 후일 검정고시를 거쳐 고등학교를 진학하기도 하고 꿈을 키워 큰 사업가로 변신하기도 했다. 이들에게 무엇보다도 할 수 있다는 자신감과 자존감을 높여주는 일이었으며, 그 과정이 디딤돌이 되어 희망의 나래가 활짝 펴기를 바랐다. 이제 모두 60이 넘은 그들은 어디에 있을까. 짙게 물들어가는 가을 나뭇잎처럼 동병상련의 마음으로 그들의 모습을 엿보고 싶다.

(2018. 12. 1.)

고향 자랑

연어는 자신이 태어난 강에서 수개월 보낸 뒤 바다로 떠난다. 대부분의 삶을 바다에서 보내다가 기력이 다할 즈음이면 태어났던 강으로 회귀한단다. 물결이 잔잔한 곳에 수정하여 알을 낳고 그 주변을 맴돌며 보호하다가 다시 태어난 새끼들에게 자신을 먹잇감으로 내맡기며 최후를 맞이한다. 아무리 말 못 하는 미물일지라도 이처럼 장엄하고 아름다운 장면이 있을까.

고향은 개구쟁이시절의 추억이 서린 곳이다. 뒷산에 칡을 캐며 고샅에서 뛰어놀던 기억이 새록새록 아른거린다. 고향을 떠나온 지 38년, 고향에서 살던 날보다 떠나온 날이 더 많아져 버렸다. 마음은 그대로인데 어느새 직장을 은퇴하여 고희를 향해 달리고 있다. 그래도 고향을 물으면 강천산이 있고 고추장으로 유명한 순창임을 자랑스럽게 말하지만 갈수록 낯설어지는 이유는 왜일까.

강천산은 자연경관이 빼어나 사계절 관광객으로 북적인다. 여름이면 시원한 물이 쉼 없이 흐르고 골짜기마다 쉴 만한 그늘이 있어 더위를 보내기 안성맞춤이다. 가을이면 울긋불긋 아름다운 옷으로 갈아입는다. 그래서 등산을 가려면 나도 모르게 그곳으로 발길을 돌리기 마련이었다. 한국전쟁 이후 빨치산을 내쫓기 위해 일부러 산불을 내었다는 강천산은 잡목으로 화려한 경관을 이루었다. 어릴 적엔 으레 소풍을 가기도 했고 아버지를 따라 도시락을 싸들고 나무하러 다니던 곳이다.

고향의 또 다른 자랑은 고추장이다. 전북대학교와 연계하여 장류연구소를 개설하고 고추장은 물론 간장, 된장 등을 계속 개발해나가고 있다. 예로부터 간장은 그 집의 일년 농사가 아니던가. 옛 어른들은 그 집 장맛을 보면 화목한 집안인지를 가늠할 수 있다고 했다. 장맛이 좋으면 당연히 반찬이 입에 맞아 밥 먹는 일이 즐거웠고 집안이 화목하여 일들이 술술 풀려 나간 것이다. 간장은 천연조미료로 모든 음식의 맛을 좌우한다.

고향에 친구가 없으면 또 무슨 의미가 있을까. 전주에 8명 친구 중에 이미 한 명은 이승사람이 아니다. 또 몇 명은 객지로 떠나는 바람에 명옥, 상윤, 준식, 그리고 나까지 네 명으로 줄어들어 오래전부터 부부가 함께 만나고 있다. 숫자는 적어도 매월 만나면 즐겁고 허물없는 사이가 되었다. 코흘리개 시절부터 집안 사정을 너무 잘 알고 있으니 숨길 것도 가릴 것도 없는 불알친구들이다. 만나면 정겹고 이들이 있다는 것만으로도 힘이 솟았다.

지난달엔 명옥이 집에서 저녁을 같이했다. 몇 년 전까지만 해도 전주에서 건축업을 크게 운영했던 친구지만 부모가 돌아가신 후 고향으로 들어갔다. 저녁식탁은 우리 모두를 놀라게 했다. 윤기 흐르는 하얀 쌀밥에 맛깔스런 쑥국, 닭매운탕, 물고기무조림, 봄동겉절이, 생채, 봄나물, 고사리 등 보기만 해도 구미를 돋우었다. 허풍과 위선이 섞이지 않은 진심 어린 손맛이 마음을 사로잡았다. 그 아내는 몇 년 전 순창의 요리대회에서 대상을 수상하였던 음식의 명인이다.

음식의 맛은 어디에 비법이 있을까. 과거 교통사정이 좋지 않던 시절, 바다의 싱싱한 어류나 해산물 유입이 어렵다 보니 산과 들에서 나는 채소로 맛을 내기 마련, 자연히 음식솜씨가 발달할 수밖에…, 고향은 따스한 친구들이 있고 곳곳에서 진한 향수를 느낄 수 있으니 더 없이 즐겁다.

연어가 회귀하듯 친구들이 여럿이 찾아들고 있다. 울고 웃던 고향과 친구들이 그리워진다.

(2016. 12. 10.)

행복 바이러스

우리가 살면서 가슴이 뻥 뚫리는 날이 얼마나 있으랴. 기쁨을 가져다 주며 오랜 염원이 시원하게 해결되는 날 말이다. 누구나 작은 소망 하나쯤은 가지고 기다려 보지만 마음대로 되지 않는 것이 우리의 삶이다. 정초에 서울 동생으로부터 예사롭지 않은 낭보가 날아들었다. 큰조카 결혼 그리고 둘째조카 의사고시 합격 소식이다.

사람은 나이 들면서 자신의 성공도 중요하지만 자녀들이 잘되기를 더 바란다. 자신들의 못다 이룬 꿈을 자녀들이 성취하기를 바라는 마음이다. 부모세대는 이미 주어진 틀 안에서 결과가 보이기 마련이지만 갈 길이 구만리 같은 젊은 자녀들에게는 조금만 부추겨주면 삶의 영역이 달라지고 좌표가 변하지 않던가. 자녀들의 성공은 부모의 잔잔한 행복으로 이어진다. 《효경孝經》에도 '입신하여 도를 행하고 후세에 이름을 날려 부모를 드러나게 하는 것이 효의 마침'이라 했다.

동생은 지난해 육순을 넘기면서 의정부에 좋은 주택을 지었다. 또 올 3월엔 큰아들의 결혼도 있을 예정이란다. 거기에 작은아들이 의사의 길로 접어들었으니 겹경사가 아니고 무엇이랴. 이순을 넘기면서 일이 순탄하게 풀리고 있으니 덩달아 어깨춤이라도 추고 싶다. 오랫동안 운영하던 법무사 사무실 근처에 노년을 위해 편안히 살 집까지 멋지게 마련하였다니 얼마나 잘한 일인가. 가뜩이나 교통사고가 많은 세상에 서울에서 20여 년을 출퇴근하였으니 많이 마음이 조였을 것이다.

우리 가문에 첫 의사 소식, 기쁨을 안겨준 조카가 자랑스럽고 고마울 뿐이다. 의사는 사람의 생명을 살리는 일을 한다. 그래서 어디를 가든 존경받으며 많은 사람들에게 은덕을 베풀 수 있는 위치에 있다. 슈바이처 박사는 독일인 의사로서 아프리카 가봉에 가서 원주민들에게 의료봉사를 하고 복음을 전했으며 1954년 노벨평화상을 수상하기도 했다. 의료봉사는 더없이 값지고 보람스러운 재능나눔이다. 조카에게 이 정도의 큰일을 원하지는 않지만 병들고 힘들어하는 이들에게 밝은 희망을 줄 수 있으면 좋겠다.

이 동생은 명석하여 학교에서도 수위를 달리던 자랑스럽고 욕심 많은 동생이었다. 누구에게도 지지 않으려는 마음이 가득했다. 가정형편이 여의치 못하여 대학을 포기해야 했지만 고등학교 졸업과 동시에 공직에 들어섰다. 그러나 공무원의 길이 어디 만만하던가. 물려받은 유산없이 주어진 틀 안에서 졸라매며 살아야 했으니 누가 그 사정을 다 알랴. 20여 년간 공직에 머물다가 자영업을 하겠다고 법무사로 전향하였다.

그동안 동생은 큰아들을 미국에서 경영학도로 잘 키워왔고, 또 둘째를 의대에 보내 뒷바라지하면서 정신이 없었을 것이다. 우선 내 앞 갈망하느라 형으로서 돕지 못했지만 그저 마음으로 잘되기만을 기도했다. 갖은 고비를 이기며 묵묵히 성과를 이뤄낸 동생이 자랑스럽다. 지난해엔 동생의 회갑이었는데도 생략하며 예민해 하더니 봄소식보다 먼저 기쁜 소식이 폭죽처럼 터지는 것을 보니 새해엔 왠지 조짐이 좋으려니 싶다.

문은 두드리는 자에게 열리는 법, 여러 일들이 시원스럽게 해결되어 가는 동생의 앞길에 하나님의 축복이 늘 함께하길 기원한다. 행복의 바이러스가 형제들과 이웃들에게 멀리 번져 휘파람부는 날들이 많아졌으면 좋겠다.

(2016. 2. 16.)

할머니 생각

내가 전주시에 근무할 때의 일이다. 생활보호를 받던 한 할머니가 오셔서 손자 이야기를 털어놓았다. 초등학생이던 두 손자가 하루는 "할매 할매 500원만 줘요." 하고 조르더란다. "안 돼, 돈이 어디 있어?" 했더니 "아니 꼭 쓸 데가 있어요. 빨리요." 데굴데굴 구르며 울더란다. 하는 수 없이 이웃집에서 빌려 주었더니 다음날(어버이날) 아침 할머니 가슴에 카네이션을 달아드리며 "저희를 길러주셔서 감사합니다." 하며 큰절을 올리더라고 눈물을 흘리셨다.

'기특하기도 하지, 어떻게 그런 생각을 했을까.' 그 말을 듣는 순간, 할 말을 잊고 할머니를 꼭 안아주며 같이 울었다. 손자 용돈에 쓰라며 얼마를 손에 쥐어 드렸다. 아들은 결핵으로 세상을 뜨고 며느리는 재가하는 바람에 할머니가 두 아이를 기르며 돌보는 중이었다. 상황이 이렇다 보니 생활보호대상자로 지정되어 정부지원금으로 근근이 살아가고 있었다.

나도 어릴 적엔 할머니와 함께 살았다. 어머니는 멀리 장사 다니느라 집을 자주 비우셨다. 그 빈자리는 늘 할머니가 채우셨다. 낮엔 밭에 나가 같이 일을 거들기도 하고 여름철 저녁때가 되면 일찍 집으로 와 보리쌀을 확독에 갈아 저녁을 준비해 드렸다. 배탈이 나면 소다를 먹기도 하고, 된장을 물에 타서 마시기도 했다. 머리가 아프면 할머니는 쌀을 그릇에 담아 보자기로 씌워서 주문을 외며 머리를 쓰다듬어주셨다. 속칭 '잠밥'이라 하여 시골에 병원이나 약국이 없던 시절, 신통한 단방單方요법이었다. 이미 잠드신 지 30여 년이 지났는데도 할머니의 정성을 잊을 수가 없다.

옷을 사 입는 일도 거의 없었다. 오직 여름철이면 런닝셔츠와 추석 때 검정 학생복 한 벌 사는 정도가 전부였을 것이다. 봄이면 삼(대마)을 심고 여름에 베어 삶아 껍질을 벗겨 속대는 울타리용으로 쓰고 껍질은 길게 실을 내어 옷을 만들어 입었다. 삼베옷은 풀을 해 입으면 까슬까슬하여 그렇게 시원할 수가 없다. 하지만 풀을 너무 빳빳하게 하다 보니 허벅지나 목 주변에 피멍이 들었다.

가을엔 목화를 심어 솜이불을 만들어 덮었다. 어른들의 옷은 솜을 놓아 핫바지, 핫저고리를 지어 입었다. 볼품은 없지만 추운 겨울에 무척 따뜻하고 건강에 퍽 좋은 옷이었다. 시골에는 그처럼 손수 만들어 입은 한복차림의 학생들이 많았으니 요즘에는 어디에서도 볼 수 없는 진풍경이었다. 할머니는 길쌈을 하느라 여름밤이면 밤늦도록 삼을 삼았고, 겨울이면 베틀에 올라 새벽닭 울 때까지 베를 짜셨다.

한 가족 3대가 같이 살았던 시절, 할머니는 지금이 있도록 어린 시절을 돌봐주셨던 분이다. 학교에서 돌아와도 할머니가 계시면 든든했다. 요즘은 핵가족화로 서로 떨어져 살다 보니 노인도 어린 자녀들도 외롭기는 마찬가지다. 최근 보도를 보면 하루가 다르게 부모가 어린 자녀를 학대하고 심지어는 버리는 일이 일어나고 있다. 차제에 대가족제의 장점을 살리고 핵가족제의 단점을 보완해 나가는 새로운 가족모델이 필요할 때이다.

행복은 멀리 있지 않다. 제일 가까운 가족에서부터 뜨거운 정을 주고받을 때 자신감도 생기며 긍정적인 사람으로 성장하게 된다. 비정한 사건의 발단은 사랑받지 못해서 일어난다. 그럼에도 사회가 이처럼 잘 유지되고 있는 것은 바르게 살려는 사람들이 많아서일 것이다. 남을 위해 오지에 나가서 헌신하는 봉사대원들, 새벽시장에서 추운 손을 녹여가며 가족을 위해 열심히 일하는 사람들을 보면 용기를 갖고 살아갈 이유가 생긴다.

할머니의 은혜에 보답하고자 카네이션을 달아드리며 큰절을 올리던 손자들의 모습은 어려운 환경에서도 도리를 다하려 했던 바람직한 아이들의 태도였다. 벌써 30여 년이 지났으니 그들도 이젠 중년이 되어 어딘가에서 늠름하게 살고 있을 것이다. 500원이 없어서 울던 과거를 그리며 어릴 때를 돌보던 할머니를 고마워할 것이다. 중년이 되었을 그 손자들이 보고 싶다.

(2016. 4. 11.)

들꽃을 보면

시골길을 가다 보면 길바닥이나 논두렁에 이름 모를 잡초들이 꽃을 피워 아름다움을 자랑하고 있다. 가꾸지 않아도 끈질기게 잘도 자라 나름대로 꽃향기를 피운다. 철이 되면 어김없이 찾아와 피었다가 말없이 시들어가는 들꽃. 굳이 그 이름을 알아 무엇하랴, 보아주는 이 없어도 원망할 줄도 모르는 들꽃인 것을, 땅의 후박을 가리지 않고, 가꾸는 이 없어도 끈질기게 잘도 자란다.

외롭게 피어 있는 들꽃을 보면 아버지가 그리워진다. 파도처럼 밀려오는 고독과 주어진 잔을 그대로 받아들이는 한을 보았다. 아버지는 한학으로 겨우 눈가림을 면하셨지만 그다지 들에 피는 꽃이 그 누구의 보살핌도 받지 못하듯이 아버지도 부모나 어느 누구의 보살핌도 받지 못했다. 아버지는 평생 죽어라 일만 하며 지냈다. 새벽 5시면 어김없이 일어나 풀을 베어다 소죽을 끓여야 했으며 아침을 드시면 밭에 나가 일을 하다가 땅거미가 진 후에야 먹을거리를 거두어 오는 부지런한 일꾼이셨다.

하얀 무명옷을 입고 일하시는 아버지의 모습을 보고, 나는 외로운 한 떨기 하얀 들꽃 같다고 생각했다. 손에는 옹이가 박혀 야산의 가시처럼 거칠고 가죽처럼 뻣뻣했다. 매서운 바람이 부는 겨울에도 산에 나가 땔감을 해오셨고, 십여 리나 되는 깔끄막 길의 만고개, 전기회사 주변의 척박한 논밭도 아버지의 손에 의해 가꿔졌다. 어디든지 아버지의 손이 필요했다. 그러나 들에 핀 들꽃처럼 누구도 알아주지 않은 보호받지 못한 손이었다. 슬하 5남매를 양육해야 했던 아버지는 어깨에 지워진 무거운 짐을 삶의 운명으로 받아들이셨다.

이른 봄 어머니가 먼 곳으로 행상을 떠나시면 아버지는 주부의 역할까지 도맡아 했으며 일에 중독된 사람처럼 그냥 있으면 불안해 하셨다. 새벽이면 마당에 나가 장작을 패기도 하고 두엄을 두셨다. 밭에서 뽑아낸 부스러기, 옆 당산나무에서 떨어지는 낙엽으로 두엄자리를 만든 것이다. 땅을 가꾸고 일하는 것을 운명으로 받아들여 땅과 싸워 오신 분이다. 그러나 삶의 여한을 풀 길이 없으셔서인지 술과 담배를 좋아하셨다. 술을 드실 때면 가끔 먼 산을 바라보시며 말 못하는 괴로운 심사가 있는 듯 보였지만 무슨 일이 있느냐고 물으면 "아니다. 별일 없다."고 하셨다.

아들이 어느 정도 장성한 1983년부터 아버지는 두 아들이 사는 전주로 이사하여 호성동에 정착하셨다. 생업을 위하여 상업을 하시면서도 주머니에 몇 푼 생기면 어머니에게 맡기고 아버지는 목돈 한 번 가져본 적이 없는 정말 욕심이 없었던 분이셨다. 외상값 계산은 가끔 주판을 사용하여 정확하게 하셨다. 한학을 하신 덕으로 신문을 소상히 읽으시고 정치적인 견해가 밝아 사리가 분명하셨다.

자녀들이 학교에 다니는 것으로 만족해 하셨던 아버지는 아들의 학교성적이 떨어져도 오직 자녀들이 건강하게만 자라기를 바랄 뿐 괘념치 않으셨다. 어디서 들으셨는지 "밑천 들이지 않고 돈 버는 길은 공무원이 제일 좋다더라." 하시며 나의 마음을 움직이셨다. 아버지의 바람이 씨가 되었을까. 아들 세 명은 다행히 공무원의 길에 들어섰다. 세 아들이 공무원이 되어 직장에 다닐 때는 자랑스럽게 생각하시며 마을에서도 기죽지 않고 한 번씩 큰소리를 치셨다지 않던가.

자녀 5남매를 다 결혼시키고 마음에 부담이 없던 어느 날 술 한잔하신 뒤 갑자기 75세의 아까운 나이에 아버지는 숨을 거두셨다. 원인은 급성폐렴이라 했다. 별일 없다던 아버지가 폐렴을 앓고 있었던 것을 그때야 알게 되었다. 요즘처럼 의술이 발달된 사전에 알았더라면 치료할 수 있었을 텐데, 그저 아쉬울 뿐이다.

미국 유명한 회계법인 KPMG 회장이었던 유진 오켈리(Eugene O'Kelly)씨는 53세에 죽었다. 그는 뇌암 판정을 받고 3개월간 시한부 인생임을 알았을 때 삶의 기억을 공유하는 가까운 친지들을 초대하여 와인을 나누면서 추억거리와 함께 작별을 고하는 사전死前장례식을 했다고 한다. 어쩔 수 없이 다가오는 죽음을 받아들이고 사전에 애환을 나누는 일은 생각만 해도 바람직한 일이다.

아버지도 미리 운명하실 것을 예감이나 하신 것일까. 10여 일 전 장수 방화동휴양촌에서 전 가족과 2박 3일의 아름다운 추억을 남기셨다. 약주를 드시며 아들, 딸, 손주들이 함께하는 것을 그렇게 기뻐하지 않았던가. 생전에 잘해드리지 못해 죄송할 따름이다. 들꽃처럼 살다 가신 아버지가 보고 싶다.

(2013. 5. 5.)

밥은 먹었느냐

노장의 국민MC 송해 씨가 얼마전 KBS 〈아침마당〉에 출연했다. 죽기 전에 고향인 황해도 재령군 나무리에서 〈전국노래자랑〉을 펼치고 싶다며 〈유랑청춘〉이란 노래를 불렀다. 1 · 4후퇴 직전 빨치산에 잡혀가지 않으려 고향을 떠날 때 툇마루에서 눈물을 흘리며 손을 흔들어주던 어머니에 대한 사랑이 묻어나는 노래였다.

눈물 어린 툇마루에 손 흔들던 어머니
하늘마저 어두워진 나무리 벌판아
길 떠나는 우리 아들 조심하거라
보고 싶고 보고 싶은 우리 어머니

지난 5월 20일 유명을 달리한 어머니 생각에 마음이 울컥했다. 직장에 다닐 때 나는 밤늦게 들어올 때가 많았다. 문간에서 기다리다 문을 열어주시며 '밤길 조심히 다니거라. 밥은 먹었느냐?' 늘 하시던 말씀이다. 환갑이 가까운 아들을 염려하시는 어머니를 보며 '별것을 다 걱정하신다.'고 하면서도 이것이 어머니의 마음이려니 생각하니, 들어도 또 들어도 싫지 않았다.

그동안 양로당에도 잘 다니시고, 이웃 친구들과도 잘 어울리시던 어머니가 구순이 지나니 허리와 다리가 아파 거동이 힘들어졌다. 외출을 멈추고 활동에 제약을 받다 보니 불과 2년만에 갑자기 쇠약해지셨다. 20여 년을 우리와 함께 사셨던 터라 누님이 모셔다 생활하다가 결국 요양병원 신세를 질 수밖에 없게 되었다. 자주 병원에 들르면 "난 괜찮으니 어서 가거라." 우리를 안심시키며 손사래를 치시던 어머니, 자신은 늘 외롭고 온 삭신이 쑤시는데도 아들을 먼저 생각하셨다.

결국 운명하시기 전날 오후 4시에 목사님과 여러 성도님들이 임종예배臨終禮拜를 드렸다. 〈복의 근원 강림하사〉 찬송을 부르며 성경말씀을 읽어드리면 "아멘!" 하셨다. 아들의 믿음을 따라 예수님을 마음에 받아들이고 부활의 소망으로 사셨다. 저녁 잘 드시고 불과 2시간 만에 혼수상태에 빠져 영영 깨어나지 못하셨으니, 아무리 불러도 대답이 없으신 어머니의 몸은 점점 식어가고 있었다. 밤 늦도록 옆에서 안타까워하는 자녀들에게 말 한마디도 나누지 못하고 눈을 감으셨다.

장례를 마치고 집에 들어오니 화단에 풀이 무성하게 자랐다. 우리 부부는 풀을 뽑고 주변을 정리하다가 복받치는 눈물을 참을 수가 없었다. 얼마 전까지만 해도 어머님께서 하시던 일이었다. 이른 새벽 닥 닥 닥 소리가 나서 나가 보면 화단에서 호미질을 하고 계셨다. 허리가 굽고 무릎이 아프시니 주저앉아 풀을 맸고, 마당에 잔디까지도 가위로

자르신 분이다. 젊은 아들이 잠깐이면 예초기로 할 수 있는 일인데도 어머니는 취미 삼아 하시려니 싶어 굳이 말리지 않았다.

중학교 2학년 때였다. 어머니는 이른 봄 대구로 행상을 나가시면 겨울에야 돌아오셨다. 해 질 녘 등에 막내둥이를 업고 손에 물건을 들고 들어오셨다. 당시엔 많은 부모들이 그렇게 살았지만 가난과 싸우면서도 정성으로 자녀들을 가르치고 돌보셨다. 밥상머리에서 가끔 음식투정을 하는 나에게 "좀 싱거우면 삼삼해서 좋다. 좀 짜면 간간해서 좋다고 생각하면 될 것 아니냐?"며 나무라셨다. 부족한 점보다는 장점을 많이 이야기하고, 웬만하면 참고 사시던 분이다. 우리 부부가 외출했다가 늦게 돌아올 때면 "나는 양로당에서 밥 먹었다. 챙길 것 없다."고 하셨다. 아니 이 시간에 무슨 저녁을 드셨을까? "나는 밥 안 먹었는데." 하며 같이 먹자고 하면 그제서야 앞에 앉아 한 그릇을 다 비우셨다.

〈복의 근원 강림하사〉 찬송을 즐겨 부르시던 어머니, 조용할 때면 방에서, 옥상에서 자손들을 위해 울며 기도를 하셨다. 그 간절한 기도 덕으로 우리 형제들은 모두 건강하게 열심히 살고 있지 않을까. 마지막 떠나시면서는 두 가지 가르침을 주셨다. 하나는 믿음 안에서 부활의 소망을 갖고 살라는 것이요. 또 하나는 가족끼리 단합하라는 것이다. 늘 기도하시는 어머니의 믿음을 따라 자손들도 신앙의 소중함을 간직하는 계기가 되었다. 자녀들은 물론 손자들까지도 모두 장례행사에 참여하여 가족의 소중함을 느끼며 마치는 시간에는 서로 부둥켜안고 서운해서 울었고 아쉬워서 울었다.

“우리의 연수가 칠십이요, 강건하면 팔십이라도 그 연수의 자랑은 수고와 슬픔뿐이라(시90:10)” 했거늘 젊은 날에는 가난과 싸워야 했고, 나이 들어 살만하니 건강이 여의치 못하여 고생하시지 않았던가? 고희가 넘어도 아들은 아들이다. “밤길 조심해라, 밥 먹었느냐?” 아직도 귀에 쟁쟁한 어머니의 목소리. 이제는 누가 나를 어머니처럼 챙겨줄까.

(2018. 5. 25.)

그땐 그랬다

며칠 있으면 찬이슬이 내린다는 한로寒露다. 벌써 나뭇잎은 단풍으로 들어가고 계절의 변화를 느끼게 한다. 주렁주렁 감 · 대추와 과일들이 풍성하여 오곡이 영글어가는 계절이다. 명절이 되면 흩어져 사는 가족들이 만나 윷놀이를 벌이기도 한다. 그렇게 기다리던 날들은 금방 지나가버릴 터이니 아쉽기 그지없다.

초등학교 시절, 추석이 가까워 오면 아버지는 논 한쪽 귀퉁이에서 벼를 베어 새 쌀을 준비하셨다. 어머니는 탐스럽게 익어가는 땡감을 우렸다. 찬 서리를 맞고 반점이 곱게 물들어가는 먹감을 따서 항아리에 넣고 따뜻한 물을 부어 방 아랫목에 이불을 씌워 놓으면 맛있게 익어갔다. 텃밭에 쪽파와 부추, 고구마로도 전을 부치셨다. 이렇듯 추석 때 둥근 달 아래 송편 빚는 일은 가족의 행사였다.

명절이 기다려진 것은 오직 옷 때문이었다. 할아버지가 출타하실 때면 으레 한복을 차려 입으셨다. 하얀 무명 두루마기에 갓을 쓰시고 나서면 옛 선비의 모습이 아니던가. 시장을 가도 꼭 그렇게 흐트러짐이 없으셨다. 물물교환이 이루어지던 시절, 할아버지는 쌀 한 말, 닭 두어 마리 그리고 계란을 시장에 내셨다. 계란은 볏짚으로 열 개씩 줄을 묶어 할아버지가 챙기고 닭은 망태에 담아 내가 들었다.

먼지를 풀풀 날리는 버스는 하루에 두 번씩 다녔다. 순창읍까지 30여 리, 명절이 가까워 오면 버스 타려는 사람들로 북적였다. 차 안에 돼지까지 실으니 퀴퀴한 냄새가 진동하기도 했다. 어렵사리 시장에 도착하면 먼저 가축시장으로 갔다. 소, 돼지, 개, 닭전도 함께 있었으니 그야말로 장속이었다. 곡식과 가축은 생산자와 소비자가 직거래로 이루어졌다. 소나 돼지 등 값이 좀 나가는 가축은 입담 좋은 거간꾼들이 흥정을 붙이고 일부 수수료를 떼어갔다. 물건이 팔리면 곧장 시장 안 국밥집에서 배를 채우고 옷집으로 갔다.

옷가게라고 해야 길거리 장사꾼들이었다. 여러 종류가 있는 것도 아니니 나이에 따라 고를 뿐 선택의 여지가 없었다. 한창 크는 아이들의 옷은 좀 큰 것으로 고르기 마련, 입다 보면 줄어들었고 입을 만하면 해어졌다. 신발도 마찬가지였다. 그도 그럴 것이 시장이 멀어 바꾸러 가기도 어려울 뿐 아니라 뜨내기 장사꾼들이니 어찌할 수 없는 노릇이었다. 그래도 명절 끝에 검정 학생복을 입고 학교에 가면 추석치레는 잘한 셈이니 얼마나 좋아했던가.

시장에 다녀오는 날이면 가족끼리 즐거운 잔치가 벌어진다. 생수리미(오징어)국에 갈치를 지지면 풍성한 저녁밥상이었다. 온가족이 둘러앉아 땀을 흘리며 행복을 맛보는 순간이었다. 울타리 넘어 이웃집에도 한 그릇씩 나누어 주었다.

그땐 그랬다. 이젠 할아버지 할머니 아버지도 이승 사람이 아니다. 3대가 어울려 정을 나누던 그때는 까마득한 옛날이 되어 버렸다. 부모가 행상을 다니시고 안 계실 때면 조부모님의 사랑을 흠뻑 받으며 자랐다. 뒷바라지를 해주시던 그 어른들의 배턴을 받아 나도 아버지, 할아버지가 되었다.

김형석 교수는 《백 년을 살아보니》라는 책에서 '65세부터 75세까지를 인생의 황금기'라 했다. 자녀교육과 결혼을 마칠 즈음이니 그때면 맡겨진 숙제를 마치고 자신만의 시간을 보낼 수 있는 시기이리라. 정녕 나를 두고 한 말인 듯싶다.

그래서일까, 직장을 은퇴하고 우연히 만난 수필은 다정한 나의 친구가 된 것이다. 잊을 뻔하던 지난 일들을 더듬다 보니 진주와 같은 추억들이 녹슬고 있었다. 지금껏 아무도 찾지 않았던 추억을 찾아 고리를 끼우고 기름을 치면 꽤 괜찮을 성싶기도 했다. 누구도 알지 못하는 나만의 향수요 삶의 궤적이다.

어느덧 나도 할아버지 자리로 등극하여 족장이 된 셈이니 크게 부담이 없어 좋다. 손자들이야 제 부모가 있으니 올 때마다 장난감이나 하나씩 사주며 예뻐해 주면 될 일이다. '할아버지가 제일 좋아!' 하며 뛰어와 안겨줄 큰손자가 눈에 아른거린다. 이번 추석엔 무슨 일로 깜짝 놀라게 해줄지 마음만 부산해진다.

(2017. 10. 1.)

나이 드는 즐거움

지난 일요일 아들네 집을 다녀왔다. 셋째 손자 준원이 백일이었기 때문이다. 어렵게 들어간 직장을 6년이나 휴직하며 세 아이를 낳아 기르는 며느리가 고마울 따름이다. 자녀를 출산하는 일은 가문을 번성케 하는 일이니 무엇과 비교할 수 없는 행복이다. 당연히 양가 부모는 물론 형제들까지 모이기로 했다. 손자 시원이와 지원이는 마냥 설레고 즐거워서일까, 입구까지 나와서 “어서 오세요!” 하며 반갑게 인사를 한다. 곧이어 경주의 사돈 부부도 도착했다. 아이들은 신이 나서 이리저리 뛰어다니며 품에 안기기도 한다.

그런데 갑자기 큰손자 시원이가 시무룩해졌다. 제 아빠 곁으로 가더니

"아빠, 민우 진우 형(고종사촌)은 왜 안 와?"

"응, 지금 오고 있는데 1시간쯤 더 기다리면 올 거야."

시원이는 갑자기 눈물이 글썽글썽해진다. 나이가 비슷한 세 살 위 형들이니 같이 놀 수 있어 그렇게 기다렸나 보다. 나는 전화를 걸어 시원

이에게 바꿔 주었다.

“지금 어디야? 형, 빨리 와!” 하며 전화를 끊었다. 목소리만 들어도 안심이 되는가 보다. 기다리던 형들이 도착하니 끌어안으며 좋아서 훌쩍훌쩍 뛴다. 고모가 사온 선물을 뜯어보며 즐거워한다.

가정에서 꽃 중의 꽃은 아이들이요 행복의 원천이다. 집에 아이들이 있어야 따뜻한 기운이 돌고 사람 사는 맛이 난다. 녀석들이 집에 올 때마다 나는 늘 바빴다. 앞마당에 잔디를 깎아야 하고 채소밭을 정리해야 했다. 오이 · 가지는 물론 고추도 딸 수 있도록 알맞게 키워야 했다. 늘 그렇듯이 풍성한 열린 열매를 따며 즐거워하지 않던가. 상추밭에 물도 주어야 한다. 작은 텃밭이지만 아이들에겐 어디서도 느낄 수 없는 농촌체험 현장이다. 열매를 따면 ‘이거 내가 땄어!’ 제 엄마 아빠에게 자랑을 한다.

잠자리를 좋아하고 나무숲에서 울어대는 매미를 잡으며 신기해한다. 철따라 변하는 자연을 이야기하며, 그들과 함께 놀아주면 덩달아 행복이 찾아왔다. 이제 시원이가 일곱 살이니 내년이면 학교엘 간단다. 그 밑에 네 살의 지원이도, 오늘 백일을 맞은 준원이도 무럭무럭 자라날 것이다. 갈수록 변해가는 모습을 보면 새 힘이 솟는다. 우리 모두는 주인공 준원이를 중심으로 기념사진을 찍고 음식을 먹으며 아이들의 재롱에 시간 가는 줄 몰랐다.

우리는 일찍이 동서화합에 앞장선 특별한 가족이다. 딸은 부산으로 출가를 하고, 아들은 경주로 장가를 들어 인연을 맺었다. 행사가 있을 때마다 동서를 오가며 지역갈등을 해소하는 역군이 되었다.

백일 행사가 끝나고 집을 나서려는데 '가시면서 보세요.' 아들이 사진첩 하나를 내밀었다. 《시원이와 그 나이 든 친구 이야기》란 앨범이다. 그동안 손자 시원이와 칠순을 눈앞에 둔 나는 친구가 되어 텃밭을 가꾸고 물을 주었다. 밭길을 걸으며, 채소를 가꾸고 바둑(알까기)을 두며 함박웃음을 주고 받았다. 누구도 줄 수 없는 기쁨이요 즐거움이 었다. 우리 내외는 사진첩을 보고 또 보며 눈시울을 붉혔다. 순간 순간을 놓치지 않고 사진에 담아 아름다운 추억으로 앨범을 만들어준 아들이 고맙다.

나이 드는 일이 어찌 보면 서글픈 일이지만 곳곳에 소소한 행복이 숨은 그림처럼 깔려 있다. 나이 만큼 깨달음이 늘어간다면 그 세월 또한 소중하고 알뜰한 것이다. 나이든 모습으로 젊음을 탐하는 것처럼 추한 것도 없다. 자라는 손자들을 보며 삭막했던 마음에 꽃이 만발하고 싱그러운 희망이 돋아났고 눈부신 햇살이 다가온다. 폭포수가 쏟아지듯 주체할 수 없는 사랑스러움을 실감한다. 사진첩 서두에 아들은 다음과 같은 글을 남겼다.

사랑하는 아빠!

누워서 울기만 하던 시원이는 내년에 학교에 가고, 시원이의 나이 든 친구는 내년이면 일흔이 되네요. 나란히 달려가도 이상하지 않은 나이가 되었습니다.

이 책은 할아버지 이야기로 가득한 시원이의 일기장이고, 할아버지가 어떤 사람인지에 대한 시원이의 대답입니다. 또, 할아버지에게 전하는 시원이의 감사선물이기도 해요.

지나간 시간은 되돌아오지 않지만, 우리가 나눈 시간과 감정들은 우리 몸 이곳저곳에 남아 피를 타고 흐릅니다. 시원이의 통통한 볼살과 검은 머리칼과 따뜻한 눈동자에, 뼈마디 하나하나에 시원이를 사랑한 우리의 마음이 녹아있고 기록되어 있습니다. 시원이가 아프면 같이 아프고, 기쁘면 같이 기쁜 것은 그 때문인지도 모르겠습니다.

시원이에게도 찾아올 외롭고 힘든 순간에 시원이 몸속에 녹아 있는 할아버지의 사랑이 시원이를 안아주고 위로하고 손을 잡아 주머니 속에 넣어둔 용기를 찾을 수 있게 해 줄 거예요.

시원이의 특별한 친구, 할아버지의 예순아홉 번째 생일에 감사의 마음을 담아 시원이네가 드립니다.

(2018. 7. 20.)

친구야 반갑다

매월 친구들을 만난다. 몇 안 되다 보니 부부가 함께 허물없는 사이가 되었다. 고향을 떠나 30여 년을 이어왔으니 가정에 조그만 일이 있어도 서로 이야기를 하며 버팀목이 되고 있다. 매월 무슨 특별한 사연이 있을까마는 한 번이라도 건너뛰면 아내들이 더 아우성이다.

어느새 반세기가 지나버렸다. 산자락에 세워진 작은 신설학교에서 희망을 안고 중 · 고등학교를 다니며 상아탑을 쌓아왔다. 세상에 눈을 떴고, 어떻게 살아야 할 지혜도 조금씩 배워갔다. 시간이 나면 언덕과 화단을 만들었고, 황토를 나르며 흙투성이가 되었다. 황량하기만 한 화단에 꽃씨를 심어 공부를 하면서도 하늘거리는 코스모스를 보면 그렇게 좋을 수가 없었다. 막 일구어 놓은 운동장도 눈이 녹거나 비가 올 때면 질퍽거리고 물이 고여 무논과 다를 바 없었다.

고등학교 때의 일이다. 학교에선 교실 한 칸을 개방하여 주었으니 토요일이나 일요일은 물론 저녁마다 친구 박명수와 함께 공부하러 다녔다. 밤늦도록 책과 씨름하다가도 잠이 오면 교탁에 나가 칠판에 수학

문제를 풀고 영어 단어도 외우며 잠을 쫓았다. 아르바이트를 하면서도 틈틈이 배움의 끈을 놓지 않았다. 시험 때가 되면 시간이 부족하여 잠 안 오는 약도 먹으며 극성을 보이던 일은 아름다운 추억이다.

학교에서 궂은 일을 도맡아 하던 H 형이 있다. 낮에는 일을 하면서도 저녁이면 우리의 공부하는 모습을 보며 공부하겠다고 나선 것이다. 영어나 수학은 기초가 없으면 할 수 없는 과목이니 우선 접하기 쉬운 국어 국사 사회 농업통론 등 암기과목에 치중했다. 저녁에 졸리면 찬물에 발을 담그며 공부하더니 1969년 공무원채용시험에 합격의 영광을 안았다. 중학교도 중퇴한 마당에 얼마나 큰 경사이던가. 매사에 성실하고 최선을 다한 노력의 결실이었다.

어려운 가정에서도 열심히 노력하여 군청에서 과장까지 진출할 수가 있었으니 의지의 사나이가 아닐 수 없다. 고등학교 졸업을 기준으로 시험과목이 정해져 있었고 주어진 교육과정 안에서 시험문제를 출제하게 되므로 굳은 신념만 있으면 가능했다. 요즘엔 공무원시험이 하늘의 별따기가 되었다. 일자리가 줄어들다 보니 대학졸업자들이 몰리고 있으며 출제 수준도 어려워진 것이다.

대학 가기가 어려웠던 시절, 고등학교를 졸업한 친구들은 수원으로 서울로 떠났다. 처음엔 객지에서 자리 잡기가 무척 어려웠을 것이다. 그래도 얼마 후에는 사업기반을 마련했고, 또 기술자가 되어 굳건한 사회의 일원이 되었다. 산업화가 되면서 도시에는 일자리가 늘어났고, 틈새시장을 공략했던 친구들은 잘 정착해 나갔다.

새마을사업이 한창이던 1970년대 중반, 나는 공직을 시작했다. 말할 수 없는 혼란기의 6 · 25동이들, 최선을 다해 버티며 지내온 동년배들은 이제 고희古稀를 눈앞에 두고 있다. 변변하게 자랑할 건 없지만 여기까지 달려온 것만으로도 박수를 보낸다. 오늘 그 친구들과 카톡을 주고받았다. 오십여 년을 지내면서 한 번도 만나지 못한 친구들도 있다.

"어, 장식이 맞아? 이 친구, 얼마만인가?"

귀를 의심했지만 그때를 회상하며 정겨운 소통이었다. 옆자리에 앉아 책이나 노트를 빌려보고 도시락 하나로 정을 나누던 친구들이 고향으로 몰려들고 있다. 배구선수로 깃발을 날리던 장식이가 고향에 집을 짓는단다. 삼락이와 명옥이는 오래전에 내려갔다. 수현이는 오로지 고향만을 지키고 있더니 군 의회 의장까지 지내지 않았던가?

꽃피는 4월 우리는 강천산에서 만나기로 했다. 고바우 영석, 장식, 수현, 삼락, 호윤 모두 어떻게 변했을까? 몰래 숨겨둔 애인이라도 만날 것처럼 설레며 그들의 모습이 궁금해진다. '친구야 반갑다!' 와락 얼싸안고 싶다.

(2017. 2. 16.)

제 2 부

아쉬운 계절, 마지막 화장을 마친 여인처럼 짙게 물든 단풍잎을 보며 우리의 삶도 이처럼 새로운 단장을 하고 싶다. 그간 받은 은혜를 이웃들에게 되돌려 주며 살고 싶다. 지나온 일들이 오늘의 추억으로 다가오듯이 아쉬움이 없는 내일을 위하여 오늘을 열심히 살 일이다.

아내의 빈자리

하루 종일 먹구름이 끼고 어설프다. 입동이 지나니 휙~ 스치는 바람에도 나뭇잎이 견디질 못하고 끈을 놓아버린다. 금방 눈이라도 내릴 듯 우중충한 날씨가 정녕 내 속마음을 아는 것일까. 텅 빈 집에 딱히 할 일도 없으니 거실로 주방으로 서성이며 아내의 빈자리를 바라본다.

아내는 필리핀 딸네 집에 다니러 갔다. 한참 재롱부리던 쌍둥이손자 민우와 진우가 보고 싶었을 게다. 15일간 일정으로 갔으니 아내가 이처럼 장기간 집을 비우기는 처음이다. 세탁기, 전기밥솥 사용법도 자세히 알려주었다. 국거리와 찌개를 잔뜩 준비해 두고 갔건만 막상 챙겨 먹으려니 여간 불편하고 어설픈 게 아니다.

하나님은 아담을 지으시고 "사람이 독처하는 것이 좋지 못하니 내가 그를 위하여 돕는 배필을 지으리라(창세기2:18)." 하셨다. 돕는 배필이란 같이 있으면서 도와주는 자라는 뜻이다. 일방적이 아니며 남자와 여자가 서로 돕는 관계라는 것이다.

부부란 서로 돕는 사이가 되어야 한다. 같이 있어야 어울리지 따로 떨어져 있으면 남자는 홀아비 냄새가 나기 마련이다. 그동안 나는 아내에게 어떠한 사람이었을까. 오직 월급이 통장에 들어가면 그것으로 할 일 다 했다고 큰 소리를 치며, 아침 일찍 나갔다가 저녁 늦게 들어와야 했던 낯선 하숙생이었다. 젊은 시절 결혼기념일이나 생일이 되어도 '매년 돌아오는 그날이 뭐 그리 중요하느냐.'며 챙겨주지 못했던 속 좁은 남편이었다. 평범한 일상에서 행복이 있었던 것을 생각해 보니 부끄럽고 미안할 뿐이다.

1980년대 신혼 초 어려운 시절, 달콤한 신혼의 꿈은 생각할 수도 없었다. 지금이야 공무원의 대우가 많이 좋아졌지만 그땐 지금과 비교할 수가 없었다. 장남이었고 부모와 공부하는 동생들까지 챙겨야 할 처지였다. 마음은 있어도 그렇게 할 여유가 없었다. 행복이란 단어는 사치에 불과할 뿐 먼 나라의 일이었다. 매서운 찬바람을 이기며 가슴앓이를 했을 아내를 생각하니 마음이 쓰리다.

결혼 시 주례 목사님께서 "부부는 모든 것을 참으며 모든 것을 믿으며 모든 것을 바라며 모든 것을 견디라(고전 13:7)." 하셨다. 어떠한 어려움이 있더라도 서로 신뢰하며 잘되기를 바라는 마음이었다. 그간 숱한 애환을 수놓으면서도 연약한 남편을 믿고 잘 따라준 아내가 고맙다. 우리는 지금도 가끔 그 말씀을 마음에 새기며 서로를 위로하곤 한다.

부부란 자신을 조금씩 낮추고 양보하면서 살아야 한다. 살다 보니 져주는 것이 이기는 것이라는 것을 느낀다. 다툼이 있을 때마다 먼저 "내 잘못이야, 내가 잘못했어." 하면 싱겁게 끝나곤 한다. 별것도 아닌 것을 가지고 논쟁을 해 보아야 아까운 시간과 에너지만 낭비할 뿐이었다.

심리학자 융(Carl Gustv Jung)은 '남성은 지극히 이성적(logos)인 반면, 여성은 감성적이고 사랑(eros)을 추구하는 속성이 강하다.'고 했다. 나는 남편으로서 의무에 충실하려 했지만 아내는 지극히 감성적이었으며 따뜻한 위로 한마디에 목말라했던 것 같다. 음식도 난 채식을 좋아하고 시골스런 된장국 스타일이지만 아내는 육류와 신김치류를 좋아한다. 한동안 갈등의 요인이 되기도 했지만 아내는 서로의 다름을 인정하고 나의 뜻에 따라주어 지금은 식성이 거의 같아지게 되었다.

나이 들어 부부보다 더 좋은 관계가 있을까? 기쁨과 행복은 멀리 있는 것이 아니니 가까운 곳에서 찾아야 한다. 그동안 손에 물 마를 날 없던 아내를 생각해 보면 측은하기 이를 데 없다. 나의 부족한 점을 채워주며 늘 순발력 있게 처신하는 아내의 지혜는 내가 범접할 수 없는 안전지킴이였다. 이제 두 자녀의 결혼까지 마쳤으니 홀가분하기도 하련만 마음은 늘 바쁘기 이를 데 없다.

아쉬운 계절, 마지막 화장을 마친 여인처럼 짙게 물든 단풍잎을 보며 우리의 삶도 이처럼 새로운 단장을 하고 싶다. 그간 받은 은혜를 이웃들에게 되돌려 주며 살고 싶다. 지나온 일들이 오늘의 추억으로 다가오듯이 아쉬움이 없는 내일을 위하여 오늘을 열심히 살 일이다. 오늘 밤 아내의 빈자리에 찬바람이 인다. 어린아이가 소풍을 기다리듯 아내가 돌아올 날을 손꼽아 기다려본다.

(2014. 11. 17.)

사랑하는 아들에게

우리 아들 생일을 진심으로 축하한다. 벌써 네가 서른네 살이 되었으니 세월이 정말 빠르지! 이제 4월이면 두 아이의 아빠가 될 아들을 생각하며 불현듯 지난날들이 스치기에 오랜만에 글을 적어본다.

아빠가 네 나이쯤엔 생활이 넉넉하지 못하여 전주에서 완산동, 효자동 인후동으로 셋집을 전전하며 신접살림을 꾸렸다. 민주화바람이 한참 불던 시절, 막 움트려던 새싹을 짓밟고 일어선 전두환 정권시절 1982년 1월, 넌 따뜻한 햇살을 받으며 전주 예수병원에서 태어났지. 아들이라는 간호사의 말에 탄성을 지르며 좋아했던 추억을 잊을 수 없구나. 위에 누나가 있었기에 더 그랬을까!

자라면서 유난히도 탐스럽고 튼실하여 자연스럽게 붙여진 별명이 '튼튼이'였지. 3년간이나 다니던 유치원 시절엔 율동이며 장기자랑 때마다 너의 재롱을 보며 우리는 행복에 젖었단다. 엄마는 너의 생일이 되면 빠지지 않고 친구들을 불러 생일잔치를 열어 주었지, 심레에서는 명규, 승필이 그리고 전주에선 호진이 등 너의 초등학교 친구들의 이름이 생생하단다.

고등학교 때부터는 기숙사 합숙에 들어갔고 넌 그때부터 단체생활에 진입하여 우리와 떨어져 살아야 했으니 손님이 되어버린 셈이다. 그 뒤 대학과 군생활로 계속 이어졌으니 말이다. 고등학교 기숙사 생활 때는 토, 일요일에만 2주에 한 번씩 집에 왔으니 애잔한 생각도 들었다. 너의 고통이야 오죽했으랴만 온전히 틀어박혀 공부에 전념할 수 있었으니 시간을 아껴가면서 공부에 최선을 다했던 시기가 아니었을까! 너를 지도해준 학교 측에 고맙고 수학 과목을 궤도에 올려준 손주인 선생님께도 감사할 일이다.

수능시험 때는 뒷자리에서 위협하는 낯선 친구 때문에 국어 두 문제를 망쳤다고 그날 저녁 억울해서 울었던 네가 아니었더냐. 그 다음날 학교에서 가채점을 하고 난 뒤에야 얼굴을 펼 수 있었던 것은 살면서 두고두고 아름다운 추억으로 남을 것이다. 대학교 시험 때는 학교 선생님들이 서울대를 강요했지만 결국 연세대 경영학과를 선택한 것은 잘한 선택이었다. 아빠 생각으로는 경영을 배우면 사회에 나와도 인간 경영에는 실패하지 않으리라는 확신이 있었기 때문이었다.

군대를 마치고 회계사 시험 두 번만에 합격의 영광을 안겨준 가슴 벅찬 순간은 온 천하를 얻은 듯한 행복의 드라마였다. 넌 어려서부터 욕심이 많고 의욕적이었으며 남에게 지기를 싫어하여 가족끼리 윷놀이를 해도 지고는 못견디는 아들이었지. 그러기에 가슴 조이며 설렜던 순간이 많았던 것 같다. 그동안 비뚤어지지 않고 지름길을 걸어온 것은 너의 끈질긴 노력과 하나님의 크신 축복 때문이라 나는 믿는다.

무엇보다도 큰 축복은 네 아내를 잘 만난 것이다. 반려자를 잘 만난다는 것은 남녀를 불문하고 인생의 가장 큰 축복이요 직업을 선택하는 것보다 훨씬 소중한 자산이란다. 며느리는 눈에 넣어도 아프지 않을 가족이 되었다. 아들이 이처럼 부모를 걱정하지 않도록 좋은 선택을 해 주었으니 그저 감사할 뿐이다. 서로 배려하며 누가 보아도 사랑이 충만하고 행복한 가정을 이루었으면 좋겠다.

요즈음 우리는 손자 시원이만 생각하면 미소가 절로 나온다. 맑고 밝게 키운 며느리가 고마운 거지. 지난번 왕궁 이모 집에서 시원이는 모두가 부러워하는 꿈동이였지. 형석이 삼촌도 딸 수영이를 빨리 시집보내 저런 아들 하나 두었으면 좋겠다 하더구나. 4월이면 태어날 별(둘째 손주 태명)이는 시원이와 함께 우리의 꿈이요 희망이란다. 건강하게 태어나길 기도하고 있다.

며느리도 이제 몸이 무거워지고 시원이 기르면서 힘들 터인데 우리가 도움이 되지 못해 미안하구나. 혹 손길이 필요하면 언제든지 이야기하렴, 너도 직장일로 밤늦게 들어온다고 하니 얼마나 답답해할까! 시원이를 위해서도 쉬는 날이면 밖으로 나가 함께하는 시간을 많이 보내길 바란다. 어릴 때는 자연과 함께 보내는 것이 좋다는 것은 너희들이 더 잘 알 테니 말이다.

이제 아들이 대기업(롯데)의 중견간부로 성장하고 있으니 바쁘고 많은 시간을 회사에서 보내기 때문에 힘들 것이다. 하지만 어디인들 그

보수를 받으며 편하게 대우해 줄까! 거기 있는 동안 많은 노하우를 쌓고 경영철학을 배운다면 차후 어디에 가서 일하든지 놓치고 싶지 않은 인재로 성장하리라 믿는다. 혹 국가의 부름을 받을 기회가 올 수도 있을 터이니 항상 준비된 지도자가 된다는 마음가짐으로 마인드를 넓혀 갔으면 좋겠다.

사랑하는 아들아! 요즈음처럼 취업하기 힘든 때 고독한 전쟁터에서 전혀 내색하지 않고 너의 일을 잘해 나가는 우리 아들이 대견스럽고 고마울 뿐이다.

오늘이 너의 33번째 생일이구나. 3은 상서로운 숫자이니 3에 3이 겹쳐 얼마나 좋으랴. 올해에는 통쾌한 일이 많아졌으면 좋겠다. 너는 우리집에 큰 기둥이라는 걸 명심하고 늘 건강관리에 최선을 다하여야 할 것이다. 계속적으로 하기가 어려우면 수시로 할 수 있는 헬스는 어떨지! 아빠는 항상 우리 아들 편이란다. 혹 어려운 일이 있어도 잘 참아내거라. 그러다 보면 윗사람들이 다 알기 마련이란다. 아들 파이팅!

2015. 1. 12.

전주에서 아빠가

주는 사랑 받는 행복

며칠 전 필리핀에서 선교사로 일하던 딸네 가족이 한 달간 우리 집에서 머물다 돌아갔다. 일곱 살짜리 쌍둥이 손자들과 함께 왔으니 한동안 집안에는 화색이 돌고 떠들썩하여 사람 사는 맛이 났다. 오랜만에 손자들을 마주하니 정겨웠다.

딸은 여러 가지로 나를 많이 닮았다. 내성적인 편이지만 인정이 많아서 누가 오면 있는 것 없는 것 다 내놓는다. 웬만한 일에도 잘 참아준다. 이런 딸이 대학 졸업 후 서울에서 잠깐 직장에 다니다가 2003년 10월 목회자와 결혼을 한 것이다. 좋은 사람이 있다고 결혼 이야기를 꺼냈을 때는 야속하기도 하고 아쉽기도 했다. 저 약한 체구에 사모 노릇을 할 수 있을까 염려되었지만 사윗감을 보니 듬직하고 신념이 확실하여 한 가족이 된 지 벌써 십여 년이 되었다.

결혼하면 누구나 아이가 있어야 안심이 되었다. 서로 이야깃거리가 생기며 그게 자연의 이치 아니던가. 딸은 한동안 아이가 없어 애간장을 태우다가 5년 만에 쌍둥이를 갖게 되었으니 무척 기뻤다. 많은 기다림 속에 출산한 아이인지라 기쁨이요 더 없는 행복이었다. 왜소한 체구에 갑자기 두 아이의 엄마가 되었으니 얼마나 힘들었을까. 멀리서 짐을 함께 져주지 못한 친정 부모로서 마음이 아플 뿐이었다.

딸은 아이들을 야무지게 잘 기르고 있다. 얼마나 소중하게 얻은 아이들인지를 생각하며 누구의 도움도 요청하지 않았다. 혼자 보살피는 것을 보면 때론 안쓰럽기도 하지만 한편으론 안심이 되었다. 여려 보이던 딸이 갑자기 크게 보이고, 사무엘의 어머니 한나를 연상하게 했다.

두 손자들에게는 이미 약속했던 레고로봇을 사주었다. 아이들 장난감은 나이에 따라 수준이 다르지 않던가. 두 살쯤에는 뽀로로, 세 살에는 토마스기차, 네 살쯤엔 폴리, 다섯 살엔 또봇이며 갈수록 가격이 높아진다. 여섯 살엔 또봇이라는데 이번에는 무얼 고를지 궁금했다. 당장 레고코너를 가더니 두 녀석들이 다 그걸 골랐다. 삽시간에 조립하여 노는 것을 보니 덩달아 즐거워졌다. 레고로봇은 단순한 장난감이 아니었다. 여러 형태로 변신할 수 있어 자동차가 되고 새나 비행기가 되기도 했다. 다용도로 변신하니 아이들이 좋아할 수밖에,

목욕탕에 가는 날이었다. 아이들도 다섯 살이 넘으면 성별을 구분하여 들어가야 한다. 외손자들이 이미 일곱 살이니 내 차지가 되었다. 이 개구쟁이들을 데리고 목욕탕에 들어가니 벌써 점프를 하며 묘기를 부린다. 공간이 넓은 냉탕으로 가더니 제법 수영 솜씨가 보통이 아니었다. 제 아빠가 운동에는 수준급이어서 그런지 그 유전자를 물려받은 성싶다.

두 아이가 양쪽 팔목을 딱정벌레처럼 달라붙어 꼼짝도 못 하게 했건만 갑자기 어릴 때의 추억이 되살아나 즐거워졌다. 큰애 민우는 거의 물개 수준이었다. 동생 진우는 조금 못 하지만 잘 다녔다. 배를 받쳐주면 마냥 좋아하며 시간 가는 줄 몰랐다. 주마다 손꼽아 기다리며 조손祖孫이 수영장의 친구가 되었다.

필리핀으로 갈 때 나는 아이들 교육문제로 염려를 많이 했다. 그러나 이처럼 자유분방하게 잘 놀고 영어도 곧잘하는 것을 보니 기우에 불과했다. 그곳 유치원에서 교사가 영어로 하는 말을 알아듣는다고 하니 벌써 영어는 한시름 놓아도 될 성싶었다. 초등학교 3학년 때쯤 귀국한다니 적당하지 않을까! 어릴 때는 마음껏 뛰놀고 자연과 함께 즐길 수 있는 감성지수를 길러주어야 한다. 그런데 우리 현실은 어디 그런가! 너무 많은 것을 가르치려 욕심을 부린다. 그러다 보니 어린아이들이 학교성적으로 비관하며 정서적으로 많은 문제점을 안고 자라난다.

이곳에 있는 동안 손자들에게 많은 것을 보여주고 싶었다. 유치원도 입학하여 다녔고 틈나는 대로 가볼 만한 바닷가나 새만금방조제, 동물원, 공원 등을 다니며 추억을 만들어 주었다. 지난 어버이날에는 아이들에게서 안마이용권, 심부름하기, 구두 닦아 드리기, 자유이용권으로 효도쿠폰 4장을 선물 받았다. 유효기간이 없으니 손자들이 크면 한번 써먹을 요량이다.

떠나는 날 아침 손자들은 '할아버지 할머니 감사해요. 사랑합니다.'란 편지와 함께 그림을 선물해주었다. 기특하기도 하지, 더없이 고맙고 즐거운 기간이었다. 벽에 붙여놓고 늘 볼 것이다. '할아버지를 행복하게 해주어 고마워!' 볼에 뽀뽀를 해주었다. 금방 눈물을 글썽이는 아이들을 보며 힘껏 안아주었다. 이런 행복을 어디서 또 찾을까?

(2014. 6. 14.)

아버지 20주기를 추모하며

처서가 지나니 폭염이 한 발짝 물러서고 있네요. 생일과 기일이 함께 들어 있는 8월은 아버지 추모의 달이랍니다. 아버지가 가신 지 어언 20년, 엊그제 같은데 벌써, 아련하게 가다옵니다. 떠나시기 10여 일 전 우연히 갖게 된 야유회가 이별의 잔치가 될 줄을 상상이나 했던가요. 방화동 계곡, 물놀이를 하며 보낸 2박 3일은 잊을 수 없는 추억이었습니다. 여행 한번 제대로 시켜드리지 못하고 노후를 맞이했으니 두고두고 한이 남지만 그때 방화동의 추억으로 위안을 삼으렵니다.

아버지, 몸서리치는 일제시절과 6 · 25전쟁을 거치면서 얼마나 고생하셨습니까. 그 와중에서도 우리 다섯 남매를 잘 길러주시고 가르쳐 주셔서 감사합니다. 비록 부유하지는 못했지만, 아버지는 근면하고 열심히 사시는 모습을 우리에게 행동으로 보여 주셨습니다. 새벽에 일어나 풀을 베어 소죽을 끓이시고, 아침이슬을 맞으며 만고개밭에 나가 고주, 호박 등 푸새거리를 조달하여 우리 가족을 부양하였습니다.

불혹의 나이에 고부간의 갈등으로 조부모님과 분가하셨습니다. 당산

밑 초가 단칸방에서 일곱 가족이 버둥대던 일들은 꿈같은 과거였고 오늘을 있게 한 잊을 수 없는 흔적이었습니다. 그래도 그때 우리 형제들은 미래의 꿈을 잃지 않고 촛불을 밝혀가며 공부하며 서로 우애하여 보다 나은 내일을 기대했던 가족이었답니다.

중학교 2학년 때인가요, 호롱불에만 의지했던 우리 집엔 전깃불이 들어왔다고 좋아했고, 유선방송으로 나오는 스피커를 달았다고 자랑했던 기억들이 스멀스멀 지나갑니다. 그런 환경에서도 자식들을 공부시키려 어머님은 대구까지 먼 행상의 길을 떠나시고, 아버지는 농사를 지으며, 품팔이로 학비를 조달해주신 땀방울을 기억하며 우리는 감히 곁길로 갈 수 없었답니다. 그 순수하신 성품이 지금도 우리에게 전해지고 있어 늘 감사를 드리며 아버지가 보고 싶을 땐 산소에 들러 지난 날을 회상하곤 합니다.

돈과 배경이 우선시 되던 시절, 아버지가 그랬던 것처럼 가진 것 없이 자수성가하기란 쉽지 않았습니다. 아버지는 '바르게 살아라. 땅이 있어야 먹을 것이 나온다.' 늘 말씀하셨죠. 큰 욕심내지 않고 열심히 사는 모습은 비록 빨리 갈 수는 없었을지라도 그 길이 정도라 생각하며 그렇게 살았습니다. 이제 저희들도 이순이 지나고 누님은 칠순이 되어 노년기에 이르렀습니다. 그래서 20년 전 아버지의 마지막 순간을 즐겼던 장수 방화동에서 또다시 우리 가족은 모였습니다. 5남매가 이처럼 건강하다는 것만으로도 위안을 삼으며 축복으로 여기렵니다.

아버지! 이제 아흔이 되신 어머니가 많이 노쇠하셨나 봅니다. 20년을 더 사셨으니 몸에 많이 고장이 나신 것입니다. 요즘은 허리를 못 쓰시고 다리가 힘이 없으니 어찌할 수 없이 요양병원에서 생활하고 계시지만 조금 있으면 나으시리라 막연한 기대를 가져 봅니다. 나이 들면 슬그머니 찾아오는 노화현상을 어찌 막을 수 있을까요. 순리로 받아들이고 질병도 친구처럼 함께 살아가야지요.

아버지, 우리도 이제 세대교체가 이루어지고 있답니다. 큰아들인 저는 정년을 했고, 작은아들들도 점점 정년이 다가오고 있습니다. 세월엔 장사가 없는 거지요. 손자들은 장성하여 회계사, 의사, 은행과 대기업의 든든한 직장인이 되어 결혼을 하고 있습니다. 열심히 성실하게 살라는 아버지의 분부를 따라 주어진 여건에서 최선을 다해 노력할 뿐입니다.

여기는 방화동 가족휴양촌, 가족들이 모여 밤 새는 줄 모르고 아버지 이야기로 시간을 보내고 있습니다. 부모님 덕으로 정을 나누고 있는 겁니다. 아버지 고맙고 사랑합니다. 좋은 소식 자주 전해 드릴게요.

(2016. 8. 23.)

어머니의 옷차림

사람은 누구나 나이가 들수록 밝은 색깔의 옷을 입어야 생동감 있고 젊어 보인다. 옷차림은 그 사람의 개성은 물론 품격을 좌우하기도 한다. 특별히 나이 드신 노인들의 옷차림은 아들이나 그 집안의 얼굴이 되기 때문에 각별히 신경을 써야 할 일이다.

어머니는 날마다 아침식사가 끝나면 으레 마을 경로당에 나가신다. 나이가 들어도 갈 곳이 있어 감사할 일이고 함께 이야기 나눌 친구들이 있어 고마운 일이다. 올여름은 봄이 오는가 싶더니 갑자기 여름이 와버렸다. 지난겨울 맹추위가 지속되더니 5월 하순임에도 여름 날씨를 방불케 할 만큼 30°C를 오르내리는 더운 날씨가 이어지고 있다.

하루는 경로당에 가시는 어머니의 옷차림을 보고 깜짝 놀랐다. 겨울에 입었던 스웨터에 철 지난 바지를 입고 나가시는 것이었다. 여름옷이 없어서일까, 아니면 깊이 넣어 놓고 찾아 입지를 못 해서일까? 갑자기 얼굴이 화끈거리고 어머니에게 죄송한 생각이 들었다. 옷이 없다면 당연히 사 드려야 할 테지만 얼마 전 아내가 분명 사다 드린 봄옷이 있을 터인데 보이질 않으니 어디로 간 것일까? 아마 깊이 넣어 두시고 찾지를 못한 모양이었다.

아무리 좋은 옷이 보관되어 있어도 제때에 찾아 입지 않으면 쓸모없는 짐에 불과하다. 마음이 조급한 나머지 어머니의 옷장을 정리해 드리기로 하고 아내의 협조를 구했다. 아내는 쾌히 동의했지만 어머니의 성격을 잘 아는 터라 소지품에 손을 대기가 조심스럽다는 눈치였다. 옷 정리는 내가 했다고 하기로 약속했다. 평소 어머니는 당신 물건에 손대는 것을 싫어하셨기 때문에 괜한 일로 불편한 관계가 될 것이 염려되어서였다.

비록 부모의 옷이지만 정리되지 않는 옷을 정리하기란 쉬운 일이 아니었다. 먼저 자주 입는 옷, 보관할 옷, 버릴 옷을 구분하고 너무 낡았거나 잘 입지 않는 옷은 과감히 폐기하기로 했다. 당장 입을 옷이나 외출할 때 입을 수 있는 옷은 잘 보이는 옷걸이에, 그리고 양말과 내의, 손수건 등은 손쉽게 닿을 수 있는 서랍에 넣어 두었다. 오전 10시부터 시작하여 오후 3시가 되어서야 끝이 났다.

옷이 없어서가 아니었다. 다른 옷들과 섞여 있었기 때문에 찾기 힘들었던 것이다. 지난번에 사 드린 봄옷도 깊은 곳에서 찾을 수 있었다. 이제 정리를 하고 나니 마음이 후련하고 한결 가벼워졌다. 그날 저녁 어머니에게 옷을 정리한 내용을 자세히 설명해 드리고 잘 찾아 입으시라고 말씀드렸다. 화를 내실 줄 알았는데 오히려 애썼다고 덕담까지 하시며 나이가 드니 좀 따뜻한 옷이 좋다고 하신 것이다.

요즘 어머니의 노화가 눈에 띄게 나타난다. 청각이 둔해지고 건망증세가 심해지셨다. 90세가 되어가니 그러려니 생각하지만 왠지 가슴이 아린다. 하긴 아들인 나도 손에 들고 있는 물건을 찾으러 다니는 때가 종종 있으니 어머니를 탓할 일은 아니지만 정도가 좀 심한 것은 사실이다. 자연의 이치이니 어찌하겠는가? 옷을 자주 사 드리지는 못 하지만 있는 옷이라도 잘 골라 입어야 한다. 어머니의 옷차림을 아내가 늘 챙겨 드리지만 매일 확인할 수도 없는 노릇 아닌가. 그래도 아직은 양말이니 속옷 등은 스스로 잘 빨아 입으시니 다행이다. 세탁기가 있음에도 건강을 위해 좋으려니 하며 모른 척한다.

아들네들은 매달 아니면 격월로 용돈을 드리고 있다. 특히 명절이나 가끔 집에 올 때면 손자들도 먼저 할머니 용돈부터 챙긴다. 어른을 섬기는 모습이 고맙고 감사할 뿐이다. 주머니가 비어 있으면 얼마나 허전하실까 하는 마음에서다. 어머니는 그러한 용돈으로 당신 옷을 사 입을 만도 하지만 거의 쓰지 않으신다. 며느리나 손자들에게 꼭 빼놓지 않고 가면서 맛있는 것 사먹으라시며 다시 돌려준다. 마음에 간직한 어머니의 애틋한 사랑을 표현하고 싶으신 모양이다.

나이가 들어 변해가는 어머니를 보면서 '30여 년 전 돌아가신 할머니가 저랬지! 세월의 흐름은 어쩔 수 없구나!' 하는 생각이 들었다.

(2013. 5. 30.)

빠뿌쟁이 사랑

초등학교 2학년 초 우리 집은 남원시 대강면 양촌으로 이사를 했다. 병원이나 약국이 없는 지역이라 갑자기 몸이 아프면 주변에서 흔히 구할 수 있는 야생초를 단방약으로 많이 활용했다. 배탈이 날 때엔 된장이나 소다를 먹었다. 입맛이 없을 익모초 즙을 짜서 마셨다. 당시에는 이처럼 자연에서 나는 식물을 약으로 사용하여 효험을 보기도 하였다. 나는 어릴 적에 보았던 할머니의 질경이 사랑을 잊을 수 없다.

6 · 25전쟁이 끝난 지 얼마 되지 않았던 1958년, 폐허가 된 학교는 미처 복구하지 못해서 교육여건은 말할 수 없이 열악했다. 내가 전학한 수홍초등학교가 그랬다. 교실이 부족하니, 인근 산자락 소나무에 칠판을 걸어놓고 그늘 아래서 공부를 했다. 자연과 함께 매미 소리, 풀벌레 소리와 함께 들판의 아지랑이를 보며 공부하던 때였다. 비나 눈이 오면 대피해야 했으니 어설프기 짝이 없었다. 얼마 후 문덕봉 밑에 학교를 신축하여 이전하였다. 집에서 5km정도 떨어진 곳이었지만 산등성이를 넘어야 하니 겨울에 눈이 많이 오는 날이면 경사가 너무 심하

여 오르질 못하고 다시 되돌아오는 경우도 있었다.

얼마 후 5 · 16쿠데타로 박정희 정권이 이어졌다. 학교에서는 혁명공약을 외우게 했으며, 등굣길엔 마을 앞에서부터 '재건의 노래'를 부르며 다녀야 했다.

"재건 재건 만나면 인사

부지런한 웃음 속에 혁명과업 이루자."

가을운동회 때의 일이다. 제일 큰 관심사는 100m 달리기였는데 상품(노트)을 받으면 가족에게 자랑하곤 했었다. 당시 어머니는 행상을 하시느라 집에 계시지 않아 누나는 할머니와 같이 주부역할을 했다.

할머니는 누님과 함께 점심을 내오셨다. 가족과 함께 들밥을 먹는 건 처음이었다. 감과 고구마를 너무 성급하게 먹다 보니 그만 탈이 나고 말았다. 배가 아프고 열이 났다. 학교에 상비약은 물론 인근에 약국도 없으니, 더 이상 참기 힘들어 집으로 돌아와야 했지만 걸을 수가 없었다. 교통사정은 열악하였고 변변한 자전거도 없던 시절이었다.

할머니와 누님은 나를 업고 2km쯤 산길을 걸었다. 너무 힘들어하는 나를 길가에 내려놓고 앉아 있다가 마침 길가의 질경이를 발견했다. 할머니는 질경이를 뽑아 즙을 내어 한 사발 마시게 했다. 한참 지나니 열이 내리고 설사가 멈추어 살 것 같았다. 거들떠보지도 않던 질경이가 이처럼 신통한 묘약으로 쓰인 것이다. 나는 평정을 되찾아 해 질 무렵에야 집으로 돌아오게 되었다. 할머니의 지혜와 사랑을 잊을 수가 없다.

질경이는 일명 '빠뿌쟁이'라고도 하며 도로변에 자생하는 아주 흔한 잡초다. 사람의 발길에 밟히고 달구지에 치어 수난을 겪으면서도 모질게 자라는 질경이는 신통한 단방약이었다.

추석명절이 다가오면 나는 돌아가신 할머니가 그립다. 이른 새벽 머리를 감으신 후 방 윗목에 초석을 깔아 정화수를 떠놓고 삼시랑께 정성으로 기도하는 할머니, 무슨 기도인지 자세히 들어보니 자녀 손주들이 장성해서 성공하기를 기원하는 기도였다.

어릴 적 손자들을 지극정성으로 보살펴 주셨던 할머니는 오래전에 우리 곁을 떠나셨다. 어머니를 대신하여 사랑을 주셨지만 노년에 모시고 살지 못했다. 거동이 불편하실 때 제대로 보살펴 드리지 못하여 죄송하기 이를 데 없다. 조건 없는 사랑으로 손자들을 돌보셨던 할머니가 그립다. 명절 때면 할머니 산소를 찾아 벌초를 하면서 할머니의 빠뿌쟁이 사랑을 잊지 못한다.

(2014. 7. 23.)

스승의 날에

잊지 못할 선생님이 마음에 있다는 것은 행복한 일이다. 배움의 길목에서 추억과 얼이 묻어나기 때문이다. 누구인들 스승이 없으랴만 나에게 각별한 선생님 한 분이 계신다.

중학교 다닐 때의 일이다. 신설학교라서 학생들은 종종 노력봉사에 참여해야 했다. 이른 봄 눈이 쌓였다 녹길 반복하는 등굣길에 모래를 깔기도 하고 화단을 만들며 땀에 젖고 진흙투성이가 될 때마다 "힘들지? 고생했어!" 하며 격려해 주시던 Y 선생님은 이 학교의 창업주나 다를 바 없었다. 함께 만든 화단에 장미, 코스모스를 심고 꽃이 피는 날 하늘거리는 창밖을 보며 공부하던 일을 생각하면 지금도 행복에 젖는다. 젊은 날 꿈을 싹틔웠던 어린 날의 모교가 이제는 명문사학으로 발전하였다.

나는 중학교를 어렵게 졸업하고 고등학교 진학의 꿈을 접으려 했다. 남들이 다 가는 고등학교를 포기한다는 것은 한없이 아쉽고 원망스러운 일이지만 어찌할 수 없는 일이었다. 인쇄업을 하던 작은아버지 집에서 틈틈이 아르바이트를 하며 중학교를 다녔기에 어느 정도 기술을 익힌 상태로 곧바로 공장장으로 취직을 한 셈이었다.

쉬는 날이면 교복차림의 친구들을 피하려 밖은 나가지도 못 했다. 그러나 어찌하랴! 일터가 극장 앞 사람이 들끓는 곳이니…. 가끔 친구들을 만나면 마음이 혼란스럽고 질투심이 일었다. 다음해 5월 굳게 마음먹고 찾아간 곳이 Y 선생님이다. 그땐 이미 고등학교 교감선생님이 되어 학교운영을 책임지고 계셨으니 더욱 잘된 일이었다. 여러 말이 필요 있을까!

"선생님, 학교에 다니고 싶은데 어떻게 했으면 좋을까요?"

"그래? 잘 생각했어. 한 번 해봐!"

물끄러미 쳐다보시던 선생님은 친절하게 준비물을 적어주시지 않는가? 중학교 시절 가정 방문을 통해 우리 집 사정을 잘 알고 계셨을 터였다.

"감사합니다. 알겠습니다."

이미 5월 중순이라 시중에서 책을 구할 수 없어 두 권(영어, 독일어)으로 고등학교 첫 학기 수업을 시작했다.

Y선생님은 영어를 가르치며 수업시간이면 복습과 예습을 확인하셨다. 어떤 때는 "잘했어!" 하며 지나가시지만 더듬거리면 "공부 안 했구먼. 열심히 해야 돼." 하시며 따끔한 채찍이 가해졌다. "새우잠을 자더라도 고래꿈을 꾸라며 늘 용기를 주신 분이다." 그땐 야속하기도 했지만 자주 대하면서 사랑의 매임을 알게 되었다. 그 뒤 선생님과 더 가까

워지게 되었고, 바쁜 일이 있으면 도와드리기도 했다. 연말이면 성적표정리, 시험지 채점은 물론 잡무도 거들어드렸으며, 다른 선생님들과도 친해지는 계기가 되었다.

졸업을 앞두고 진로에 대한 말씀을 드렸더니 교육대학을 권하셨지만 우리 집 형편엔 어림없는 일이었다. 고등학교 졸업 후 2년쯤 지났을까? 친구들과 술 한 병을 사들고 댁을 방문한 적이 있다. 모두 취업 전이라서 도움이 되는 많은 이야기를 해 주셨다. 나에게는 공직의 길을 권했다. '이제 자기의 길을 개척할 나이가 되었으니 목표를 세우고 최선을 다하고, 혹 상의할 일이 있으면 언제라도 오라'는 말씀이었다. 결국 난 공무원의 길에 들어섰다.

전라북도 도청 공보관실에 근무할 때의 일이다. 전북대학교 학위수여식을 참석한 일이 있는데 경영학박사학위 명단에 Y 선생님 이름이 들어있지 않는가? 동행했던 카메라맨에게 부탁하여 학위수여 장면 사진을 찍어 보내드렸다. 이미 그땐 군산대학교 교수로 재직하실 때였다. 50대 초반에 박사학위를 받았으니 평생 배움의 끈을 놓지 않으시며 후배들에게 본을 보여 주신 분이다. 1990년경 주변의 권유로 총장선거에 유력한 후보로 준비 중이었지만 갑자기 과로로 쓰러져 회복하지 못하고 운명하셨다.

우리는 살면서 어떤 사람을 만나느냐에 따라 삶이 달라진다. 우연히 건넨 한마디의 충고가 평생을 좌우하기도 했다. 선생님 덕분에 학업을 계속할 수 있었고 성실히 살아가는 습관을 터득하여 공직의 길을 택하기도 했다. 한 가지 목표를 가지고 계속 노력하면 뜻을 이룰 수 있다는 교훈도 배웠다. 이제는 다시 뵈올 수 없는 선생님을 그리워하며 함석헌 선생의 시 〈그대는 그런 사람을 가졌는가〉를 되뇌어 본다.

> 만 리길 나서는 길/ 처자를 내맡기며/ 맘 놓고 갈 만한 사람/ 그 사람을 그대는 가졌는가// 온 세상 다 나를 버려/ 마음이 외로울 때에도/ '저 마음이야' 하고 믿어지는/ 그 사람을 그대는 가졌는가//

매년 5월이 되면 공허하고 죄송한 마음이 앞선다. 그동안 제 앞가림에 버벅거리며 스승의 날을 한 번도 챙기지 못해 마음이 아프지만 이제 사모님과 가족이라도 만나 옛이야기를 하며 정을 나누고 싶다. 두고두고 그리워지는 스승 양운섭 선생님을 마음에 간직하고 있으니 나는 행복한 사람이다.

(2015. 4. 15.)

행복이 별건가요

"순산했어요, 딸이래요."

밤늦은 시간임에도 싱글벙글 아들의 전화 소리에 가족 모두 웃음꽃이 피었다. 새 가족이 탄생하는 순간이다. 새 생명을 얻는 것보다 더 좋은 소식이 어디 있으랴!

아들네 가족이 한 달여 함께 지내고 있었다. 며느리의 둘째 출산을 앞두고 또 아들이 서울에서 대전으로 직장을 옮기며 이사가 겹쳤으니 어머니를 비롯한 4대가 갑자기 동거하게 된 것이다. 출산을 하려면 친정으로 가는 일이 다반사인데 시집에 와서 출산을 하게 되었으니 얼마나 기특하고 반가운 일이랴! 옛날엔 결혼을 하면 으레 2년 정도 시부모와 정을 붙이며 살다가 분가했다는데 요즈음엔 으레 따로 살기 마련이다. 며느리와 가까워질 기회가 되어 다행이다.

겨우 두 살 난 손자(시원)는 집에 있어야 했다. 말이 그렇지, 아내는 그 어린 손자 돌보랴 출산하는 며느리 돌보랴, 어디 쉬운 일인가. 장난꾸러기 손자는 한시도 방심할 수 없었다. 호기심이 많아 사방 무엇이

든 있으면 끌어내리고 전기 스위치며 버튼을 눌러대니 모든 게 신기한 모양이다. 잘 놀다가도 저녁이 되면 "엄마한테 갈 거야." 뛰고 안절부절을 못한다. 어린아이를 달래느라 진땀을 빼야 했다. 이 모두 분리불안分離不安 현상이다. 이 일을 어찌 아내 혼자서 감당할 수 있을까! 수시로 아내를 도와 손자를 돌보기로 했다.

우리 주변의 자연을 배우면 좋을 듯싶어 화단에 있는 철쭉, 목련, 꽃잔디, 수선화 등 꽃 이름을 익히게 했다. 또 감나무 소나무 등 나무이름과 가끔 날아드는 참새, 까치 이름도 알려 주었다. 잠시 후 다시 물어보면 기억력이 보통이 아니다. 그래서 조기교육을 강조하나 싶다. 동물 이름이야 이미 책을 통해 알고 있지만 동물원에 가서 보고 느끼는 것이 더할 나위가 없었다. 놀이터에서 제 또래나 형들을 만나면 그저 좋아 따라다녔다. 아동기엔 또래와의 접촉을 통해 사회성이 길러진단다.

며느리가 산후조리를 마치고 대전 제 집으로 가니, 에어컨을 설치하고 있었다. 손자는,

"지금 무엇하는 거예요?"

"에어콘을 설치하고 있단다."

"에어컨이 뭐예요? 또 설치는 무슨 뜻인데요?"

계속 질문이 쏟아진다. 알려주면 이리저리 다니면서 제 엄마한테 "지금 에어컨 설치한대요." 하며 알려준다. 말이 트이다 보니 그냥 넘어가는 일이 없다. 질문을 하면 바르게 대답해 주어야 한다. 만 2세를

전후하여 언어획득의 과도기를 거친다는데 지금이 그 시기인 것 같다. 형제 많은 가정의 아이들이 언어발달이 빠르다고 하니 둘째도 빨리 자랐으면 좋겠다.

이제 네 명의 가족이 되었다. 두 아이의 아빠가 되었으니 책임감도 무거워졌을 것이다. 그동안 저녁마다 대전에서 전주로 출퇴근했으니 가족을 돌보는 정성이 이만저만이 아니었다. 초등학교 때 아들이 삼례에서 전주로 통학하던 생각이 스쳤다. 제 아내와 아이를 극진히 사랑하는 것 같아 다행이었다. 아들이 출근할 때면 손주는

"아빠, 어디 가? 나도 갈 거야!"

"아빠는 회사에 출근하시는 거야. '다녀오세요.'라고 인사해야지."

하면 눈물을 글썽이면서도

"아빠 다녀오세요."

한다. 뽀뽀를 해주고 떠나는 아들을 보니 감사가 넘친다.

대전에서 이삿짐 정리를 마치고 오려는데,

"나 전주 갈래. 나 할머니랑 같이 갈 거야."

따라나서는 손자를 떼어놓고 오자니 눈에 밟혔지만 어쩔 수 없는 일, 한참을 울다가 잠이 들었단다. 그동안 조손祖孫끼리 많은 정이 들었나 보다.

온 대지를 연초록으로 물들이던 4월의 새 생명은 더없는 축복이다. 아들의 기쁨이 우리 모두의 행복으로 이어진다. 오늘날 한 가정의 행복은 주부들의 역할에 좌우되기 마련이다. 며느리는 벌써 3년째 휴직

중이다. 분리불안을 많이 느끼는 두 살까지가 중요하니 한 아이에 2년씩은 돌보아야 한단다. 아이를 낳는 일도 중요하지만 그림자 없는 아이로 기르는 일은 더없이 중요한 일이 아닌가.

"어머니, 고마워요, 그간 고생 많으셨어요!"

헤어질 때 얼싸안으며 며느리가 먼저 울음을 터뜨렸다. 뜨거운 눈물을 주고받으며 사랑의 전이를 느꼈을 것이다. 손잡아주고 보듬어 주며 같이 가야할 동반자이기에 서로 힘을 합쳐야 한다. 직장여성으로서 출산과 양육 문제로 얼마나 고민했을까?

(2015. 5. 8.)

사랑하는 어머니, 아버지

차가운 겨울이 지나면 봄이 올 것을 이미 알고 있지만,
매번 돌아오는 봄은 언제나 또한 설렘을 가득 담고 옵니다.
새로움, 변화, 새 친구, 새 학교,
시원이네 가정에 이번 봄은 많은 변화가 있었네요.
삶의 터전을 옮기고, 새 직장을 갖게 되고,
무엇보다, 새로운 친구가 하나 생겼어요.
시원이와 꼭 닮은, 우리 딸 별(아이 태명)이가 생겼어요.
많은 변화가 동시에 이루어지다 보니 조금 두렵고 혼란스럽기도 했지만,
어머니 아버지가 함께 해주셔서 지혜롭게 순조로운 출발을 하게 됩니다.

감사해요, 정말….

이렇게 마음이 따뜻한 사람이 내 부모님이라서 정말 감사해요.

이제 두 아이의 부모가 된 성화와 지혜(며느리)는 또 생각해요.

사원이랑 별이에게 그런 부모가 되고 싶다고.

항상 따뜻하고 너그러워서 언제든 기대 쉬고, 이야기를 들어줄 수 있는

그런 엄마, 아빠가 되고 싶어요.

그래도 이제 부모님께 저녁 한끼쯤은 대접할 능력은 되고, 세상 돌아가는 이야기도 나눌 수 있을 만큼 컸으니 대견하지 않나요?

세상모르는 철부지 키울 때보다 더 재미나지 않아요? 그러니 어머니 아버지, 오래오래 우리 곁에서 건강한 모습으로 우리를 지켜봐 주세요.

시원이도 별이도 성화, 지혜처럼 성장하는 모습을 지켜봐 주세요

그래서 미숙한 부모인 성화 지혜가 혼란스럽고 힘들 때 이야기해 주세요.

날씨 이야기, 건강 이야기, 연예인 이야기도….

어머니 아버지와 함께라면 왠지 기분이 좋아질 것 같으니까요.

불교에서는 자식을 두 종류라고 한대요. 전생의 인연과 업보에 따라서 빚 갚으러 나온 자식, 빚 받으러 온 자식, 지금까지 성화네 가족은 어떤 자식이었나요?

우리는 교회에 다니는 사람들이니까.

이번 생에 다 정산해야겠죠? 부족하겠지만 살아가면서 하나씩 하나씩 갚아나가는 그런 저희가 될게요. 우리 모두에게 2015년 4월은 어떻게 기억될까요? 4대가 모여 북적댔던 올해의 봄은 어느

봄보다도 더 행복하고 설레지 않았을까요?

시원이 별이에게도 잊지 못할 봄이기를… 사랑해요 정말.

2015년 5월

아들, 며느리 올림

나의 집

아무리 배불리 먹고 고운 옷을 입어도 집이 없다면 항상 불안할 것이다. 지친 하루의 삶에 위안이 되고 자신이 무너져 내릴 때 안식이 되는 곳이 가정이요, 집은 서로 기댈 수 있는 공간이자 보금자리다.

1980년대 후반 부동산시장은 하루가 다르게 출렁이고 있었다. 젊은 인력이 도시로 몰려들면서 대도시 주변의 주택이나 땅값은 치솟았다. 빚을 얻어서라도 집을 사면 많은 수익을 얻을 수 있으련만 담보능력이 없는 사람들에게 누가 돈을 빌려준단 말인가. 눈치빠른 사람들은 어떻게 해서든 은행 문을 두드리며 대출을 받아 무리하게 강행했다. 대기업들은 정부의 지원 아래 주변 부지를 공업용지로 사들여 축구장을 만들고 시설 확장부지로 사업을 확장해 나가던 때였다.

신혼 초 전주 서완산동에서 신접살림을 시작할 때의 일이다. 월세로 2년쯤 살았을까. 아이가 자주 울다 보니 시끄러웠을 게다. 조용하기를 바라는 집 주인은 어느 날 "방 좀 비워주세요." 하는 요구가 날아들었다. 문제는 아이 울음소리였다. 아니 어릴 때 울지 않는 아이가 어디 있단 말인가. 울음소리 때문에 잠을 잘 수가 없다니, 하지만 별 도리가 없었다. 그렇다고 이제 시작한 공무원이 집 마련은 언감생심焉敢生心 가당치도 않은 일이었다. 어찌할 수 없이 인근 아는 사람 집으로 옮겨갔지만 가족이 늘어가면서 내 집의 필요성은 절실해졌다.

도청 총무과에서 후생업무를 맡아보던 때였다. 동료들의 주택소유현황을 파악해 보니 40%이상 무려 500여 명이 집이 없었다. 맨주먹으로 공직을 시작한 젊은 나이에 언제 자력으로 집을 마련하겠는가. 자녀를 결혼시키면 부모들이 전세금이라도 마련해 주는 요즈음의 세태와는 비교할 수가 없었다. 직장인들이 나의 집을 장만하는 일은 간절한 꿈일 뿐 한 해에 35~50%씩 폭등하는 집을 마련하기는 정말 어려운 일이었다.

아파트공급이 절대 부족하던 시절, 청약부금을 들어 아파트 당첨을 받거나 주택조합을 결성하여 집을 지으면 시세차익을 많이 남길 수 있었다. 조합을 결성한다고 정부의 지원이 있는 것은 아니지만 땅을 사고 공사를 직영하는 방식으로 하다 보니 경비가 절감되는 이점이 있었다. 경기를 활성화하기 위해서는 주택시장의 자금 흐름이 큰 원동력이 되었다. 이렇듯 직장 동료들은 내 집을 마련하고자 하는 꿈이 절실하기에 의견을 모아 주택조합을 결성하기로 하였다. 가입조건이 무척 까다로웠지만 순수한 무주택자로 302세대를 확정하고 당시 선배공무원이던 R 과장을 조합장으로 선임하였다.

여러 곳을 후보지로 물색하였지만 그래도 쾌적하고 시내 가깝고 땅값이 저렴한 곳이 기린봉 산자락이었다. 완산8경 중 단연 으뜸지역인

이곳을 옛 시인들은 기린토월麒麟吐月이라 하여 시심을 자극한 곳이다. 모두의 뜻을 모아 기린봉 일원으로 위치를 확정하였다. 희망이 부풀고 동료들과 힘을 규합해 나갔다. 6,000여 평의 땅을 매입하고 시공업체를 선정하면서 공사는 급진전되었다.

부지를 매입하기 위해 서울 대전 등 여러 곳을 돌아다녀야 했다. 항상 부동산 거래에는 브로커가 끼기 마련, 여기에도 J 모씨가 끼어 있어 소송까지 가는 바람에 애를 먹기도 했지만 결국 3년여간 "기린봉 아파트" 공사를 끝내며 1993년 6월 완공하기에 이른 것이다.

300여 명의 동료들이 집을 마련하는 일이니 어찌 힘들지 않았을까. 그래도 저렴하게 내 집을 갖게 되었으니 감사한 일이다. 참으로 보람되고 의미있는 일이었다. 시내가 가깝고 기린봉이 있어 아침저녁으로 운동하기에 딱 좋았다. 부모의 도움없이 나의 집을 마련한다는 일은 쉬운 일이 아니었다.

어떤 아이가 울지 않고 자랄수 있을까. '방 빼세요.' 주인의 통첩은 왜 이리 야속하고 가슴이 아렸는지 모른다. 집을 마련할 수 있다는 희망을 갖고 300여 명이 힘을 모으니 이처럼 큰 일도 해낼 수 있었다. 공직에 있는 동안 아름다운 추억이었고 잊을 수 없는 보람으로 남아있다. '동료들의 집을 마련하는 일이니 열심히 하세요.' 하며 성원하여 주신 송하진 도지사님(당시 인사계장)께 감사를 드린다.

(2015. 9. 13.)

직장 친구

자주 만나고 어울릴 수 있는 친구가 있으니 얼마나 좋은가. 평생을 같은 직장에서 일하며 지내왔으니 서로를 이해하고 애환을 함께해온 사이다. 비슷한 시기에 은퇴를 하고 격주로 산을 다니며 건강관리를 하는 친구들이다. 늘 나오던 친구들이 안 보이면 무슨 일이 있나 걱정되어 전화로 안부를 묻는다. 수시로 산을 오르는 것은 자신의 체력을 담금질하며 다소간의 위안을 얻으려는 시도일 것이다.

지난 화요일 이 친구들과 대아수목원에 다녀왔다. 능선을 타고 1~3 전망대까지 돌려면 3시간은 넉넉히 걸리는 코스다. 행정기관에서 관리하고 있으니 깔끔하고 아기자기하게 가꾸어져 사랑받는 장소가 되었다. 오랜만에 떨어진 빗방울 때문에 능선을 다 돌지는 못했지만 그래도 우산을 들고 1전망대를 돌아 순환임도로 2시간을 걸었다. 현충일이라 친구들과 가족단위로 길을 걸으며 여가를 즐기는 모습은 한가롭기 그지없는 코스다.

직장에 다닐 적 우리 손으로 심었던 나무들이 어느새 울창한 숲을 이루었으니 애착이 가는 곳이다. 1990년대 중반 매년 식목일이면 우리는 도시락을 싸들고 와서 과課 단위로 구획을 정하고 나무를 심으며 거름도 주지 않았던가. 세월이 흐르다 보니 그 나무들이 싱그럽고 쉴 만한 숲을 이루었다. 멀지도 않은 도시주변에 이처럼 아름다운 휴식처가 있다는 것은 더없는 축복이려니 싶다.

가까워서도 그렇지만 직접 흙을 파고 나무를 심었던 추억 때문일까. 시간이 날 때마다 나는 이곳으로 발길을 돌리곤 한다. 아들이나 딸이 와도 수시 나들이를 할 때마다 대아수목원을 추천하면 "또 거기?" 하며 피식 웃지만 결국은 이곳으로 오기 마련이었다. 기암절벽의 협곡으로 이어지는 운장산과 동성산, 위봉산 자락의 대아저수지는 드라이브 코스도 그만이다. 녹음이 한창 짙어져가는 6월은 요산요수의 절정을 이룬다. 봉동, 고산을 거쳐 대아수목원에 이르면 무릉도원이 따로 없다. 오는 길목에 화심순두부는 필수코스가 되어버렸다.

나이가 들면 음식도 추억으로 먹는다는데, 나들이도 옛정이 묻어나는 곳으로 가면 훨씬 의미가 있고 이야깃거리가 풍성하다. 휴게시설이 있고 녹음이 짙어오니 피서지로 손색이 없는 곳이다. 엄마가 아이를 조심스럽게 기르듯 우리는 심고 거름을 주었을 뿐이지만 나무는 말없이 잘 자라 싱그러운 모습을 자랑하고 있다. 더 아름답게 가꾸어 가는 일은 이제 후배들의 몫이 되었으니 더 좋은 환경으로 만들어 나가길 기대할 뿐이다.

5월이면 흐드러지게 피는 '금낭화군락지'도 빼놓을 수 없다. 고개를 숙이고 겸손과 순종을 나타내는 꽃답게 "당신을 따르겠습니다."라는 꽃말을 가지고 있다. 며느리의 치마 속 주머니를 닮았다 하여 붙여진 금낭화錦囊花는 한국여성을 대표하는 꽃으로도 손색이 없을 것이다. 자신을 낮추며 머리를 숙일 때 존경받으며 사랑받는 존재가 되지 않던가. 어느 문헌에는 금낭화가 이곳 완주에서 자생하여 보급되었다는 기록도 있다.

새마을사업이 한창이던 1970년대 공직을 시작했던 친구들이 이미 퇴직을 했다. 새벽별을 보며 출근을 하고 자정이 되어서야 퇴근했던 친구들이다. 요즘 젊은이들과는 달리 상사들에게 불평 한마디 못했다. 내 지역을 발전시키는데 너와 내가 따로 없지만 공무원들이 앞장서 어려운 일이 있을 때마다 주민의 선봉에 서야 했다. 산업화, 정보화, 격동하는 변화의 순간들이 아른거린다. 그동안 남모르게 흘린 피와 땀의 결과로 이 나라는 몰라보게 성장했고, 오늘의 후배들이 그 배턴을 이어받지 않았던가.

평생을 같은 울타리 안에서 시간을 보내던 직장 친구들, 큰 배경도 없었으니 그저 몸으로만 헌신해야 했던 순둥이들이었다. 나이가 들어 퇴직을 하고서도 함께할 수 있는 친구가 있으니 서로의 소중한 자산이다. 옛 직장 친구들의 건강을 기원한다.

(2017. 6. 9.)

제3부

이삭을 줍게 하라
질경이와 누님
어떤 초청장
한 알의 도토리가
석별
힘내세요, 원주 어머니
찜질방 친구
코다리 찬가
안덕원 댁 할머니
아무도 찾지 않는 이들

우리는 늘 알게 모르게 씨앗을 뿌리며 산다. 나의 말과 행동이 누구에게 영향을 미치게 될지 모를 일이다. 말 한마디가 누군가에게 감동을 주기도 하고 상처가 되기도 하지 않던가. 아름드리 참나무 숲도 다람쥐가 저장해둔 한 알의 작은 도토리에서 시작된 것이다.

이삭을 줍게 하라

'저 여인이 이삭을 주울 때는 곡식단 사이에서도 줍게 하고 책망하지 말라. 오히려 이삭을 뽑아 흘려서 그에게 줍게 하라.(룻기 2:16)' 성경 룻기에 나온 글이다. 부자 보아스가 자기 밭의 보리이삭을 일부러 흘려 가난한 룻에게 줍도록 했다는 내용이다. 남편 없이 나이 많은 시어머니를 모시고 사는 며느리 룻에게 베푼 아름다운 이야기는 두고두고 교훈이 되고 있다.

이삭 줍기는 양식이 부족한 사람들에게 호구糊口 수단이었다. 그렇다고 아무 때나 할 수 없는 일, 추수가 끝난 뒤 논밭에 떨어진 곡식 부스러기를 줍는 일이 아니던가. 내 어린 시절은 워낙 빈궁하여 특별한 간식거리도 없던 때였다. 비가 오고 출출하던 어느 날 누님과 나는 이삭 줍기를 한 적이 있다. 추수가 끝난 감자밭을 찾아다니며 굵은 빗줄기에 얼굴을 내민 감자를 줍기도 하고, 다 캔 밭두렁일지라도 호미로 뒤적이다 보면 숨겨진 감자가 여기저기서 나와 한 소쿠리를 주워다 가족들의 점심을 해결하곤 했다.

아버지가 동네 부잣집 일을 가시면 으레 그 집에 가서 밥을 먹었다. 이른 아침 거름을 내기도 하고 모를 심거나 볏짚 지붕을 이는 날이면 동넷 잔칫날이 아니던가. 하지만 부자들의 횡포는 이만저만이 아니었다. 양식이 부족할 때면 겨울에 쌀 한 가마 빚을 얻어 오면 다음해에 한 가마 반을 갚아야 했다. 또 부자들의 논을 묵갈림으로 얻어 벼농사를 지으면 가을에 절반씩 나눠 가져야 했다. 그땐 논농사 직불금도 없을 때였으니 농비를 제하고 나면 인건비도 되지 못했다.

중학교시절 어려운 친구 생각을 지울 수가 없다. 말이 친구이지 3년이나 늦게 학교에 들어온 형이었다. 아침식사도 거르고 학교에 오다 보니 점심때가 되면 친구들의 도시락에 의지해야 했다. 십시일반 조금씩 거두어 아침 겸 점심을 해결하였던 형이다. 결국 얼마 못 가서 학업을 중단하고 말았지만 배움의 끈을 놓지 않고 계속 공부하여 일찍이 공직의 길에 들어섰던 의지의 사나이였다. 지금은 직장을 은퇴하고 교회의 든든한 장로로 봉사하며 전주에서 남부럽지 않게 살고 있지만 아련한 추억이다. 아직도 만나면 옛정을 잊지 못하여 채소나 푸새거리를 싸주기도 한다.

잘 아는 J 목사님은 수필집에서 본인의 경험을 소개하고 있다. 이삭줍기는 주인이 너무 깨끗하게 주워버린 논에서는 마냥 헛수고였지만 그래도 다니다 보면 주인의 손길이 미치지 못했던 곳이나 기계를 놓고 타작을 했던 장소에는 제법 곡식이 소복이 쌓여 있어 홍자鴻慈를 만난 기분으로 쓸어다가 양식을 보충하기도 했단다. 조금이라도 주울 것이 있어야 보람이 있을 터인데 너무 깨끗한 논밭을 만나면 괜히 얄밉기도 하고 허탕만 치는 것같아 섭섭한 생각이 들었다니 누가 그 마음을 알아 줄까.

지난 3월 서울 송파구에서는 세 모녀가 생활고를 견디다 못해 목숨을 버렸다는 안타까운 보도가 있었다. 큰딸은 만성 질환을 앓고 있었으며 어머니는 실직으로 생활고에 시달리다 막다른 길을 택한 것이다. 각박한 도시에서 살다 보니 이처럼 애달픈 사연을 이웃들도 몰랐을 것이다. 아무리 세상이 좋아졌다고 하지만 남모르는 사각지대가 있기 마련이다. 남편 없이 실직을 하고 장애를 가진 딸까지 있어 가느다란 희망의 여지도 보이지 않았던 모양이다.

생활고에 시달려 죽는 일들은 옛날에도 종종 있었던가 보다. 조선시대 세종은 진휼정책 수행여부를 인사에 반영하고 굶어 죽은 백성이 나오면 경중에 따라 그 지역 수령에게 곤장 100대까지 벌했다고 한다. 어느 시대를 막론하고 국가가 백성을 돌보는 일은 의무로 여겼다. 이삭줍기는 오늘날에도 비록 형태만 바뀌어졌을 뿐 주변에서 많이 볼 수 있다. 종이를 줍거나 시장모퉁이에서 채소를 팔고 있는 할머니들이 그 모습이다. 어려운 이웃을 보거나 시장 물건을 살 때라도 조금씩 배려하는 마음이 우러났으면 좋겠다.

엊그제 저녁 TV를 켜니 탤런트 한고은이 출연하는 〈희망로드 대장정〉 프로에서 모잠비크 빈민구제 봉사현장을 방영하고 있었다. 천 원이 없어 출생신고를 못하고 취학을 못하는 아이, 적기에 치료를 못하여 두 손목 두 발목을 절단하고 힘들게 사는 어린이들의 모습을 보니 울컥하여 전화를 들고 유엔난민기구에 한 구좌를 매월 자동이체 신청을 했다.

세상을 살면서 나의 삶이 언제 곤두박질칠지 모를 일이니 나의 에너지가 조금이라도 남아 있을 때 따뜻한 배려의 정신을 저축해 두어야 할 일이다.

남편 없이 늙은 시어머니를 봉양하며 힘들어 했을 룻에게 이삭을 흘려 주었던 보아스의 교훈은 두고두고 마음에 지워지지 않는다. '이삭을 줍게 하라' 귓전을 울린다.

(2016. 7. 5.)

질경이와 누님

길을 가다가 질경이를 보면 누님 생각이 난다. 모진 생명력을 가진 질경이는 어쩌면 누님을 많이 닮았다. 누구도 감내하기 힘든 질곡의 길을 걸어오신 누님의 칠순을 맞아 진심으로 축하와 감사를 드린다.

어머니는 봄에 행상을 나가 겨울에 돌아오셨다. 학업을 엄두도 내지 못했던 누님은 어머니나 다를 바 없었다. 동생들은 오직 누님이 기댈 수 있는 언덕이요 버팀목이었다. 용돈이라도 쓸 요량으로 호롱불 밑에서 밤새워 놓던 베갯잇(일명 베갯딱지) 수를 만들어 팔아 얻은 수입도 동생들이 학비가 없어 쩔쩔맬 때면 "이거 쓰거라." 하며 기꺼이 내놓기도 했다.

따뜻한 봄날이면 냇가에서 다슬기를 잡고 논두렁에서 나물을 캐 가족들의 반찬거리를 해결해 나갔다. 동생들의 도시락 반찬거리를 위해 그 먼 만고개밭을 오가던 일이 얼마이던가, 벼가 누렇게 익어갈 즈음이면 논밭에 푸드득푸드득 날아다니는 메뚜기를 잡아 기름치고 볶아

동생들의 도시락 반찬을 만들어 주었고 할머니를 따라 밭일을 다녔다. 동생들에게는 보호자였고 어머니와 다를 바 없었다.

바람만 불어도 울렁인다는 열아홉 살 순정 어린 나이에 누님은 기독교신앙을 받아들이고 교회를 나가기 시작했다. 농사일에 늘 바쁘신 아버지는 교회에 가는 것을 무척 반대하며 힘들게 하셨다. '교회에 가면 밥을 주느냐 돈이 나오느냐.' 보고 있던 성경책을 던져버릴 때가 한두 번이 아니었다. 이럴 때마다 늘 부르는 찬송이 있다.

겸손히 주를 섬길 때 괴로운 일이 많으나
주님과 함께 살면서 참 평강 얻게 합소서

외로워 그랬을까! 일찍 21세에 결혼하여 딸 둘, 아들 하나를 두었다. 넉넉한 삶은 아니었지만 아이들을 기르며 열심히 살아가던 갑남을녀甲男乙女였다. 그런데 웬일인가. 조용하던 가정에 마魔의 여신이 똬리를 틀었다. 아이들이 초,중,고 줄줄이 학교에 다니던 때 매형이 가정을 버리고 바람처럼 집을 나가버린 것이다. 순창에 살던 누님은 무거운 짐을 껴안은 채 광주로 이사를 했다. 여자의 몸으로 각지를 다니며 자녀들의 학비를 벌어야 했으니 어깨에 짊어진 무거운 짐을 혼자서 감당해야 했다.

어렵던 고비고비를 숙명으로 받아들이며 자녀 셋을 결혼시키기까지 즐풍목우櫛風沐雨의 삶이었다. 언젠가 매형의 말을 꺼내니 이미 끝난 일이라며 말을 못 하게 했다. 어둠의 그림자가 드리우던 시절을 다시 기억하고 싶지 않아서일 게다. 20여 년이 지난 지금까지 한 번도 매형의 말을 입에서 내놓지 않는다.

힘들게 하는 사람은 항상 가까이에 있었다. 같이 몸을 섞고 아이를 셋이나 두었던 가장이 자기 책임을 회피하며 '난 모르오.' 하며 떠나버리면 남아있는 가족은 어찌하란 말인가, 참으로 무책임한 사람이 아닐 수 없다. 지금 어디서 어떻게 사는지 알고 싶지도 않지만 그 일을 가까이서 보면서도 어찌할 수가 없었던 내가 죄스러울 뿐이다.

하늘은 스스로 돕는 자를 돕는다고 했다. 하나님은 누님의 간절한 기도를 들어주셨음을 확신한다. 세 자녀들이 모두 직장에 다니며 결혼도 하여 살고 있으니 감사할 일이다. 아들 딸 그리고 손주들과 함께 교회 다니며 텃밭을 가꾸는 모습을 보면 선하신 하나님의 보호하심이 있음을 실감한다.

눈빛만 보아도 속사정을 들여다보는 누님은 정이 많아 봉사활동에도 적극적이다. 순간의 실수로 구속되어 교도소에 있는 어느 죄수를 양아들로 삼아 5년째 돌보고 있다. 한 달에 1~2회 정도 면회를 가며 음식을 준비하고 간절한 편지로 힘을 준다. 늘 그늘진 사람들에게 정을 나누는 것을 보면 저게 참사랑이며 진정한 그리스도인이라는 생각이 든다.

질경이는 널리 알려진 약초식물이다. 달구지에 짓이겨지고 사람들의 발길에 차이면서도 모질게 일어서는 질경이는 어쩌면 누님과도 닮지 않았을까. 누구도 대신해 줄 수 없는 삶이었기에 오늘을 잘 일구어 오셨으니 자랑스럽다. 무릎이 아파 힘들어 하면서도 혼자 참으며 '나는 괜찮아.' 한다. 사랑해요 우리 누님!

(2015. 9. 18.)

어떤 초청장

고향 교회에서 "home coming day"라는 초청장이 왔다. 지난날 교회를 다니다 떠난 믿음의 가족들을 초청하여 친교를 나누는 행사다. "옷은 새 옷이 좋고 사람은 옛사람이 좋다."는데 오랫동안 헤어져 살았던 옛 성도들을 초청한다니 얼마나 고마운 일인가. 미리 마음이 설레고 애틋한 그리움이 앞섰다.

내 고향 순창은 아름다운 강천산이 있고, 고추장으로 이름이 난 고장이다. 매년 10월이면 장류축제를 벌이며 식도락가들의 구미를 자극하기도 한다. 금년 행사에는 나도 참여하여 허물없는 고향 친구들과 파전, 부추전을 먹으며 이야기를 나누었다. 어머니의 손맛은 장맛으로 대표되듯이 예로부터 그 집 장맛이 좋으면 1년이 편안했다. 순창은 이름 그대로 인심이 순박하고淳 경관이 아름다운 곳昌이다. 그러기에 처녀들이 시집을 가면 어디에서든 인정받으며 잘 살아갔다.

고향은 내가 태어나서 자란 곳, 조상들이 대대로 살아온 터전이요 부모와 친구들의 얼이 살아 숨 쉬는 곳이다. 논두렁에서 메뚜기를 잡고,

강가에서 붕어 송사리를 잡아 반찬거리를 만들어 먹었다. 어스름한 저녁이면 다리밑에서 목욕하던 여인들에게 불을 밝히며 애를 태우던 개구쟁이들도 잊을 수 없는 추억이요 그리움이다. 어릴 적 흔적이 그대로 서려 있기를 바라지만 기억도 사람도 점점 멀어져가니 부모의 자리는 이미 우리가 물려받지 않았던가.

나는 중학교 2학년 때부터 기독교에 귀의했다. 어릴 적이니 교리가 어떻고 깊은 진리가 어디 있는지를 따지지 않았다. "복있는 사람은 악인의 꾀를 좇지 아니하며 죄인들의 길에 서지 아니하며 오만한 자리에 앉지 않는다,(시1:1)" 했다. 열심히 살면 복 주실것을 믿으며 따른 것이다. 더구나 학생들에게 영어를 가르쳐주고 있었으니 일거양득이었다. 교회는 천장에서 비가 새고 마루 밑에서는 쥐가 들랑거리는 허술한 건물이었지만 어디에서도 맛볼 수 없는 따뜻한 사랑과 친교가 이루어진 것이다.

"교회 가면 밥이 나오느냐, 돈이 나오느냐." 아버지의 완고함은 이루 말할 수 없었지만 친구들과 교우들을 만나며 신앙적 기반을 쌓아갔다. 사춘기 시절 후배 여고생들도 있었으니 그들을 보기만 해도 마음이 설레지 않았던가. 주로 찾던 곳은 인근 마을의 귀래정歸來亭, 조선초 신말주申末舟라는 선비가 정착을 하여 정자를 짓고 여가를 보내던 곳이다. 이곳이 아지트가 되어 우리는 수시로 찬양과 친교를 나누며 학창시절을 보냈다. 해 질 녘 배가 고파질 때면 그 마을의 S 형이 따끈한 고구마, 감자를 삶아 와 주린 배를 해결해 주던 추억이 새로워진다.

행사일정에 맞추어 지난 10월 교회에 도착하니 한복으로 곱게 차려 입은 여집사님들이 순서지(주보)를 나누어 주고 있었다. 예배순서는 초대받은 손님들을 위해 다양하게 진행해 나갔다. 먼저 그 당시의 사진을 모아 화면으로 보여주니 애틋한 감정이 앞선다. 철없던 나의 모습을 보니 눈시울이 뜨거워진다. 서울 광주 제주 등지에서 온 분들도 자연스럽게 추억을 이야기하며 악기 연주 등 장기자랑을 한다. 제주에서 온 S 집사님은 당시 먹구름 속에서 헤매던 가정환경과 지난날을 이야기하며 눈가에는 이슬이 맺혔다.

나도 하모니카를 불며 기량을 뽐내보았지만 어설프기 짝이 없었다.

예수께서 제자들에게 그랬듯이 "깊은 데로 가서 그물을 치라." 한다. 그러나 깊은 곳이 어디인지 몰라 지금까지 이웃들에게 복음을 전하지 못 하고 헤매는 어린아이에 불과하다. 그래도 저를 이만큼 키워주신 주님, 이제 당신 곁에서 즐겁게 그물을 치겠습니다.

추억은 그리운 것, 누가 이처럼 지난날의 흔적을 모아 우리의 마음을 새롭게 해줄 수 있을까. 열악한 환경에서도 믿음을 잃지 않고 한 가족으로 남아있음을 감사드리며 행복에 젖었다. 믿음은 눈으로 보거나 실체를 만질 수도 없지만 확신을 가지고 그 길을 따르다 보면 어디서도 느낄 수 없는 잔잔한 행복이 주어졌다. 자기 마음을 다스리는 자는 성을 빼앗는 자보다 낫다고 했지만 조석으로 변하려 하는 자기 마음을 다스리는 일은 쉬운 일이 아니었다. 늘 자신을 채찍질하며 모난 성품을 다듬어가는 과정이다.

마음이 흔들릴 때 정신적 지주가 되어 주었고, 포근한 안식처가 되어 준 고향 교회는 당시 삶의 터전이기도 했다. 이렇듯 힘을 모아 아담한 교회를 건축하고 잊혀가는 선배들을 초청하여 멋진 추억을 선물하고 있으니 고맙고 감사할 따름이다. 신앙 안에 있음이 행복이요 참된 기쁨이었다.

(2018. 11. 25.)

한 알의 도토리가

선교사는 국경을 초월하여 멀리 떠나 그 지역 주민을 도우며 자기가 믿는 신앙을 전파하는 사람들이다. 대부분 열악한 환경의 저개발국에 파송되기 마련이기에 그들과 함께 생활을 하고 정신적 물질적 지지를 보내며 어려움을 해결해주기도 한다. 낯선 오지奧地를 마다하지 않고 자원하여 가시밭길을 가는 일이 어디 쉬운 일일까. "내가 여기 있나이다. 나를 보내소서(사6:8)." 하며 용기있게 나서는 자들이니 말이다.

대학에 다니던 딸이 천명선교사에 지망하겠다고 했다. 필리핀에서 교육을 받고 동남아국가에 배치되어 1년간 선교하고 봉사하는 일이 아닌가. 난 이 말을 듣는 순간 마치 순교자의 길을 떠나기나 한 것처럼 눈물이 핑 돌았다. 어느 부모가 망설이지 않을까. "몸도 약한데 할 수 있겠어?" 하며 물으니 의지가 확고했다. 이제 갓 스무 살 넘긴 어린 딸을 태평양 한가운데 보내는 게 아닌가 걱정이 앞섰다. 하지만 곰곰이 생각해 보니 사람을 사랑하며 강인함을 키워줄 수 있는 좋은 기회라 여겨

허락해 주었다.

당시는 새천년을 앞두고 세계는 '밀리니엄 버그'라 하여 긴장하고 있을 때였다. 컴퓨터 오작동에 의한 마비 현상을 염려하였기 때문이었다. 결국 딸은 부르심에 따라 1999년 12월 선교지로 떠났고 새천년의 시작은 아무 일 없이 찾아왔다. 새로운 세기가 도래하면서 딸의 삶은 이렇게 전환이 시작되고 있었다. 필리핀에서 3개월간 교육을 받고 실제 파송된 곳은 누구도 꺼려하던 오지 인도네시아 마나도가 아닌가.

인도네시아는 1945년에 네델란드로부터 독립되어 85% 이상의 모슬렘 국가다. 섬이 만 7천여 개나 되며 2억 5천만의 거대한 인구를 가진 나라(세계 4위)임에도 GDP는 3천 5백 불 정도라 하지만 빈부의 차가 극심하여 서민들의 경제적인 수준은 말이 아니다. 독재자 통치 이후 민주화가 되면서 정국은 안정을 찾아가고 있는 중이다. 그러함에도 종교분쟁과 외국인을 상대로 수시 테러가 발생하여 늘 불안이 상존하고 있는 곳이다.

선교지에 가면 제일 먼저 부딪치는 일이 의사소통이다. 현지인과 대화가 통하지 않으면 꿔다 놓은 보릿자루가 되고 만다. 파트너가 있지만 영어로 하면 인도네시아어로 다시 통역해야 하는 이중고를 겪기 마련이다. 겨우 3개월간 교육받은 영어실력이 얼마나 도움이 되었을까. 파트너도 마찬가지일 것이다. 처음엔 어려움에 시달렸으며 의사가 제대로 전달되지 않아 딸은 현지어를 배우려 사전을 구입하여 일상적인 대화만이라도 소통하려 모진 노력을 했단다.

그곳에 가면서부터 당장 해야 할 일은 교회를 건축하는 일, 독지가 한 분 없는 현지에서 비용을 부담시키는 것은 어림없는 일이었으니 오직 의지할 곳은 하나님께 기도할 뿐이었단다. 결국 고국의 부모와 모교회 성도들의 도움으로 교회가 세워지고 그 작은 불씨가 지펴져 지금은 어엿한 교회로 성장하였으니 하나님의 섭리는 헤아릴 수 없는 일이다. 그곳의 환경은 열악하기 마련, 위급한 환자가 있어도 병원이 없어 숯가루를 바르거나 숯 찜질을 하여 큰 호응을 얻게 되었다니 감사할 일이다.

교회를 건축하던 일이 거의 마무리되면서 딸은 온몸에 피부병이 번져 더 이상 견딜 수가 없었으니 선교지를 뉴기니아섬의 이리얀자야로 옮기게 된 것이다. 그곳은 대부분이 흑인이며 원주민들은 옷을 입지 않고 산단다. 목욕을 하려면 주변 바닷가에 옷을 입은 채로 들어가 몸을 씻곤 한단다. 학교나 병원은 물론 TV, 라디오 신문도 없는 세계 4대 오지 중의 하나이다. 특히 자국으로부터도 푸대접을 받아 모슬렘을 중심으로 독립을 요구하며 폭동이 자주 일어난 곳이다. 2000년 12월엔 크리스마스를 전후하여 폭동이 일어나 한 달여 숨어 살면서 마음을 놓을 수 없었다니….

언젠가 편지에서 '고생 안 하기를 바라지 않으니 고난이 닥칠 땐 피하지 않고 싸워 이길 수 있는 힘을 갖게 해 달라'는 기도를 요청했다. 힘들 때면 일정한 기도처에 나가 '왜 저를 이곳에 보내셨는가요.' 수없이 울면서 기도했단다. 외로이 기도하였을 딸아이를 생각하면 가슴이 아렸지만 그래도 하나님의 세미한 음성을 듣고 용기를 얻었다니 정말 감사할 일이다. 얼마나 두렵고 떨렸을까. 평균 29도를 웃도는 덥고 습한 지역이라서 목욕을 하고 싶어도 물 사정 때문에 자주 할 수 없었을 것이다. 부모인 우리는 오직 숭고한 사명을 감당할 수 있는 시험만을 달라고 기도할 뿐이었다.

귀한 보석이 뜨거운 용광로를 거쳐야 하듯 사람도 어찌 고통 없이 성장할 수 있으랴. 딸의 선교생활은 과거의 습관을 탈바꿈하는 계기가 되었음은 물론이다. 검소함과 웬만한 어려움은 참고 견디는 습관이 몸에 배어 때론 놀라게 한다. 현지에서 말라리아로 체온이 40도를 오르내리는 고통을 당하면서도 부모에게 알리지 않았던 지독한 아이로 변해 있었다.

딸아이는 결국 목회자와 만나 결혼한 지 10년만에 두 아이와 함께 선교사를 지원하여 벌써 4년째 필리핀에서 봉사하고 있다. 지난 10월 사위는 15년 전의 아내 선교지 인도네시아 마나도를 방문하게 된 것이다. 교회는 중형교회로 성장하였으며 딸이 머물던 집의 열 살에 불과했던 여자아이는 이미 결혼하였으며, 아이를 낳아 그 이름을 그때 선교사였던 딸 이름으로 지어 부르고 있었단다. 그렇게 반가워하며 눈물을 글썽이더란다. '그 선교사가 한 번쯤 올텐데.' 기다리던 그 집 할머니는 몇 년 전에 돌아가셨다고 했다.

우리는 늘 알게 모르게 씨앗을 뿌리며 산다. 나의 말과 행동이 누구에게 영향을 미치게 될지 모를 일이다. 말 한마디가 누군가에게 감동을 주기도 하고 상처가 되기도 하지 않던가. 아름드리 참나무 숲도 다람쥐가 저장해둔 한 알의 작은 도토리에서 시작된 것이다. 여리기만 했던 딸이 불모지에 교회를 세워 주변사람들의 삶을 변하게 하고 하나님의 사랑을 싹틔우고 있으니 얼마나 보람된 일인가. 선교사! 나도 기회가 주어진다면 한 번쯤 도전해 보고 싶다.

석별

만남은 헤어짐의 또 다른 이름이다. 만나면서 헤어짐을 동반하기 마련이니 부모도 언젠가는 헤어져야 하듯 영원한 만남은 있을 수 없는 일이었다.

우리 교회 박정택 목사님께서 2017년 3월 1일자 발령되어 광주로 가시게 되었다. 5년간 계시면서 많은 정이 들었고, 교회를 위해 그토록 정성을 쏟아 부었는데 떠나신다니 못내 아쉽고 마음이 시리다. 붙들고 싶지만 더 큰 바다에서 일할 수 있게 놓아 달라는 합회의 간곡한 부탁이니 이를 어쩌랴. 그래 꼭 그분을 위해서라면, 또 우리 조직을 위해 필요한 일이라면 따를 수밖에….

회자정리會者定離라 했듯이 만나고 헤어지는 일은 피할 수 없는 우리의 삶이다. 만남은 서로의 자산이요 든든한 버팀목이 되기도 한다. 교회를 운영하면서 아무 불평 없이 모두를 만족하게 할 수 있을까. 일을 잘하기 위해서 토의하고 논쟁하는 건 얼마든지 있을 수 있는 일이다. 교회를 위해서 하는 일이고 하나님의 사업이었으니 사사로운 감정은 있을 수 없는 일이다. 그간 쌓았던 좋은 관계가 반감되지 않도록 서로 이해하고 노력하는 성도가 되어야 한다. 그것이 하나님의 뜻이요 진정한 사랑이리라.

목회란 참으로 힘들고 외로운 직업이다. 모든 사람들에게 귀를 기울여야 하고 누구 하나 소홀히 대할 수 없는 눈동자요 형제들이다. 그들이 모두 주인이요 나무의 가지들이다. 아무리 믿음 안에서 산다고 하지만 저마다 생각이 다르고 성장배경이 다르니 자기의 입장에서 말하고 때론 마음이 상할 때가 왜 없었겠는가. 소문 내지 않고 다독이며 속마음을 다 들어줘야 할 때가 많았을 것이다. 그렇다고 누구에게 하소연할 수도 없는 일, 혼자 애를 태우며 마음고생을 해야 할 때가 많았을 것이다.

목사님이 재임하는 동안에는 많은 일을 이루어내셨다. 그간 숙원사업이던 주차장을 마련했고, 화장실과 식당 주방을 리모델링했다. 지금까지 마음만 있었지 아무도 엄두 낼 수 없었던 일이다. 그 많은 재원을 마련할 수 있었던 것은 먼저 헌신적인 성금을 내놓으며 간절히 호소했기에 모두가 동참했음을 누가 모를까. 발령나면 다른 곳으로 부임해 가는 목회자가 사업을 추진한다는 것은 쉽지 않은 일이다. 그간 내 살림처럼 정성을 들이고 환경을 개선한 것은 그간 잠못 이루며 고민하신 결과일 것이다.

또 티스쿨(T-school : 성경을 가르치는 기법)을 공부한 이후 화요목장을 소그룹으로 운영하여 정착시킨 점이다. 교회가 튼튼해지려면 소그룹이 잘 뭉치고 친교를 나눌 때 튼튼하게 된다. 가정에 어려움이 있고 마음이 흔들릴 때 서로 붙잡아 줄 수 있는 버팀목이 되는 것은 가까운 이웃과 성도들의 몫이다. 나무를 기를 때 물도 주고 거름도 주지 않던가. 함께 의지하고 격려해주며 마음을 같이할 때 뜨거운 정을 느끼며 믿음은 성장할 것이다. 아무리 오래 신앙을 하고 믿음이 견고한 사람일지라도 때로 흔들리기 마련이며 위로받고 싶은 것이 우리의 연약한 모습이다.

지난 일요일 저녁엔 목사님 가족과 우리 소그룹(모세반)이 모여 저녁식사를 함께 했다. 저녁준비는 아내가 정성껏 준비한 것이다. 집에서 이처럼 시간을 같이하다 보니 정겹고 뜨거운 정을 느낀 시간이었다. '그간 수고 많으셨습니다. 어디를 가시더라도 오늘처럼 함께했던 기억을 잊지 않았으면 좋겠습니다. 하나님의 사랑이 늘 함께하시길 기원합니다.' 우리의 간절한 소망이요 바람이었다.

오랜만에 친교를 나누며 웃고 즐기는 시간이었다. 사회에선 흔히 만나면 화투를 치고, 놀음으로 번지기 마련이지만 이처럼 윷놀이를 하니 부담도 없고, 아무 기술도 필요없는 건전하고 통쾌한 오락게임이었다. 어디에서든 이 게임을 한다면 괜찮을 성싶었다. 이제 겨우 소그룹을 통하여 정이 많이 들었고, 믿음생활이 얼마 되지 않은 분들도 속에 있는 이야기를 털어놓을 수 있었으니 소그룹은 이렇게 가야 한다는 증표일 것이다. 아무리 신앙의 환경이 바뀌어져도 소그룹을 통해 정이 돈독히 이루어진다면 무엇으로도 끊을 수 없는 튼튼한 연결고리가 될 것이다.

목회자는 늘 바뀔 수 있지만 성도들은 이 교회의 주인이요 오래 몸담아야 할 곳이 아닌가. 어느 목회자에 따라 오래된 신앙이 요동하거나 흔들려서도 안 될 것이다. 믿음 안에 있으면 한 가족이요, 같은 목표를 향하여 가는 동반자들이니 서로 응원하고 따뜻한 관심을 가질 때 승리하는 믿음으로 이어질 것이다. '목사님! 어디를 가시든 건강하시고 하나님의 사랑 안에서 승리하시길 기원합니다.' 휘영청 밝은 달빛 아래 밤늦도록 윷놀이를 하며 우리의 정은 깊어만 갔다.

(2017. 2. 12.)

힘내세요, 원주 어머니

지난봄 원주네 앞뜰에 살구꽃이 자지러지게 피고 있었다. 햇볕이 활짝 드는 날이면 원주 엄마는 양지바른 곳에서 숯 찜질을 하며 일광욕을 하고 있었다. 야윈 얼굴에 늘 일광욕을 하다 보니 햇빛에 그을려 거무스름했다.

우리 집 인근에 사는 50대 중반의 원주 어머니가 대장암으로 투병 중이다. 6개월 살 수 있으리라는 진단이었는데 11개월째 살고 있으니, 이대로 회복되었으면 좋겠다. 숯가루로 팩을 만들어 찜질을 하고 햇볕을 쪼이면 암환자들에게 효과가 좋단다. 요즈음엔 얼굴이 좋아졌다며 환한 미소가 가득하다. 29kg에서 35kg로 몸무게가 늘었다며 자랑이다. 너무 연약한 이분을 보고 있으면 마치 꺼져가는 촛불을 보는 것 같아 가슴이 미어지곤 한다.

이분은 지난해 9월까지 현대자동차 전주공장에서 일을 했다. 매년 월급이 오르고 가계가 불어나는 재미로 몸이 으스러지는 줄도 모르고 밤낮없이 일했다. 그러다 5년 전 위암선고를 받고 수술하여 괜찮아지는 것 같아 계속 직장엘 다녔단다. 당시 초등학생이던 어린 딸에게는 충격이 클까봐 "엄마가 좀 아파." 하며 암이라는 사실을 알리지 않았다 한다.

수술한 뒤 몸이 좀 괜찮아지면서 아름다운 집도 지었다. 행복을 꿈꾸며 남편이 정성스럽게 지은 집이다. 남향으로 앞이 탁 트이는 곳, 겨울에 따뜻하고 여름에 시원하도록 단열시설을 잘했다. 건강에 좋다는 편백나무로 마감재를 사용하여 집안에 들면 향기가 그윽하다. 살구, 매화, 무화과 등 건강에 좋다는 블루베리도 심어 놓았다. 마당에는 틈틈이 고추와 오이 등 채소도 심어 틈틈이 가꾸는 억척스런 여인이었다.

그런데 이게 웬말인가? 또다시 어두운 그림자가 드리우고 있었다. 전북대병원 진단결과 청천벽력 같은 대장암(S결장) 4기말이란다. 원주 어머니는 항암치료를 거부하고 여수요양병원으로 내려갔다. 마음을 추스르기 위하여 좋은 강의를 들으며 식이요법과 자연치료를 병행했다. 마음이 약해지다 보니 신앙 안에서 살기를 결심하며 지난해 말 우리와 인연을 맺은 것이다.

아내를 따라 남편과 딸까지 온 가족이 신앙 안에서 하나님께 의지하게 되었다. 요양병원에서 매일 건강 강의로 위로를 받으며 신앙 안에 접어들게 된 것이다. 병원에서조차 손을 놓은 상태였으니 오직 하나님의 가호만을 바랄 뿐이었다. 이처럼 위기를 당하다 보니 오직 믿음에 의지하게 되었으며 누구의 위로도 도움이 안 되었다.

건강하기 위해서는 먹고 자고 배설하는 데 문제가 없어야 한다. 아무리 잘 먹어도 배설이 안 되면 어떻게 되겠는가? 이분에게도 배변에 이상이 생긴 것이다. 암 덩어리가 항문을 막고 있으니 문제였다. 할 수 없이 전북대병원에서 다시 수술을 하여 장을 밖으로 내게 되었다. 조금만 많이 먹어도 문제가 생기며 가스가 찼다. 자연치료에 의지하다 응급조치가 힘들어 전북대병원 호스피스병동에서 투병 중이다.

우리는 코앞에 닥친 일들에 전념하다 보면 자신의 건강을 돌보지 못하고 살다가 위기에 봉착하게 된다. 가정을 일으켜 세우겠다며 최선을 다하여 살아왔는데 불치의 병을 얻었으니 얼마나 허망하고 하늘이 무너지는 듯했을까. 아무리 물질문명이 발달하여도 생명의 문제만큼은 어찌할 수 없는 나약한 인간임을 실감했으리라.

그 남편은 아내가 병석에 누운 이후 온 정성을 쏟아 부었다. 스스로 식사를 해결하며 텃밭 가꾸랴, 간병하랴 항상 바빴다. 입맛이 없다는 아내에게 반찬거리도 수시로 준비하여 가져다 준다. 지난 7월 어느 날은 그 아내가 좋아한다며 살구와 오디를 따다 병실 동료들과 나누어 먹으며 즐겨하고 있었다.

우리도 김치를 담그거나 맛있는 국을 끓이면 종종 가져다 준다. 늘 위로하며 기도해주면 그 힘이 되는가 보다. 손을 잡아주며 옆에만 있어도 고마워한다. “나의 힘이 되신 여호와여, 이 영혼이 주를 더욱 사랑하게 하옵소서(시18:1)!” 방패가 되신 하나님께 빠른 치유를 기원할 뿐이다.

지난 월요일 점심을 하자고 하니 그렇게 좋아했다. 오랫동안 병실의

밥에 싫증이 나기도 했을 것이다. 아름다운 꽃과 싱그러운 나무들을 보며 밖으로 나오고 싶었을 게다. 음식을 서로 나누는 일은 즐겁고 행복한 일이다. 그래서 좋아하는 사람을 만나면 음식을 주고받으며 기쁨을 나누지 않던가. 환자이기에 많이 먹지는 못했지만 그 시간만은 즐거워하며 오랜만에 웃음꽃을 피우는 시간이었다.

요즘엔 늘 딸 원주 때문에 걱정이다. 결혼이라도 하는 것을 보고 갔으면 좋겠다는 말에 가슴이 먹먹하여 더 이상 할 말을 잃었다.

"힘내세요, 원주 어머니! 지금 좋아지고 있으니 최선을 다하고 그 결과는 하나님께 맡기세요." 하며 손을 꼭 잡아주었다.

(2015. 8. 20.)

※ 원주 어머니 최재숙 씨는 남편의 지극한 정성에도 부응하지 못하고 2015. 11. 29. 새벽 주안에서 잠드셨다. 아내의 믿음을 따라 남편(소찬영)과 딸(원주)은 침례를 받고 열성적인 신앙생활을 하고 있다.

찜질방 친구

우리처럼 화끈한 것을 좋아하는 민족이 있을까. 눈물이 찔끔 찔끔 나오는 청양고추를 좋아하고, 40도가 넘는 목욕탕에서도 '아, 시원하다.'며 나올 줄을 모른다. 50도쯤 될까, 숨쉬기도 힘든 찜질방 돔 안에서 10여 분씩 있으면 몸에서 땀이 후줄근 흐르면서도 정신은 맑아진다. 수차례 들락거리면 그동안 쌓였던 스트레스가 아침에 안개 걷히듯 확 풀리기도 한다.

필리핀에 6년간 선교사로 있던 딸네 가족이 돌아왔다. 지난 3월 사위는 부산 덕천교회로 부름을 받았다. 아담하고 인정 넘치는 교회를 맡았다며 더없이 좋아했다. 일찍이 주의 종으로 일하게 되었으니 크게 성장하길 바란다. 떠나면서 맡겨둔 장롱과 가재도구를 챙겨 보내주었더니 피로가 쌓였다. 또 겨우내 얼어붙었던 텃밭을 파고 채소를 심다 보니 진이 빠져버린 것이다. 조금만 움직여도 허리가 아프고 피곤을 느끼니 나이엔 장사가 없는 모양이다.

아내가 먼저 "찜질방 어때." 한다. 평소 자주 가는 곳이니 "좋지." 하고 맞장구를 쳤다. 늘 가까이하던 유태봉 장로님 내외도 함께했다. 몸이 성치 않은 부모님을 모시고 살며 자라온 환경이 나와 비슷한 분이다. 등산을 하거나 마음이 허전할 때도 함께해 준다. 신앙생활도 사람 보고 하는 건 아니지만 친구처럼 의지하고 뜻을 같이해 주면 믿음도 굳어지고 용기가 되었다. 초신자들도 3개월 이내에 벗을 사귀지 못하면 취미를 잃고 교회에서 멀어진다지 않던가.

찜질방은 언제부터 운영되었을까. 십여 년 전 로마를 다녀온 적이 있다. AD 1세기경 화산폭발로 묻혀버린 폼페이 유적이 발굴되고 있었다. 로마 상류권력층들이 이곳에 호화 별장을 짓고 여성들을 끌어들여 가무를 즐기던 목욕시설과 음주문화 흔적이 고스란히 남아 있었다. 아직도 80%정도 발굴된 상태이지만 당시 로마의 찬란했던 문화를 자랑하고 있으니 오늘날 어느 나라도 무시하지 못하는 이유가 여기에 있었다.

우리는 조선조 세종 때 한증소汗蒸所라는 민간요법에서 그 기원을 찾을 수 있지 않을까. 그 후 한증막이라는 이름으로 이용되다가 1994년에 부산을 시작으로 현대인들의 휴식공간으로 자리를 잡아가고 있다. 가정에 온수시설이 보급되던 2000년쯤, 대중목욕탕이 줄어들고 있었다. 목욕탕은 24시 사우나로 변경되어 갔고 도시주변으로부터 찜질방이 여기저기 생겨나더니 지금은 어디를 가도 없는 곳이 없게 되었다.

특히 제주도 성산포 둘레길 주변이 그렇고, 경남 산청은 지리산을 주변으로 동의보감촌을 형성하여 '세계전통의학엑스포'라는 이름으로 매년 변형된 찜질방행사가 열리고 있다. 이처럼 찜질방의 형태가 행복한 삶을 재충전하는 힐링공간으로 자리를 잡아가고 있는 것은 몸과 마음에 쌓인 묵은 찌꺼기를 토해내고 싶어 하는 심사일 것이다. 우리 고장 전주는 오래전부터 한옥마을에 관광객이 몰리고 있지만 체류형 관광이 되지 못하고 1회성에 그치고 있어 아쉬움이 남는다. 인근지역에 한방 등 전통적인 찜질타운이 조성된다면 한옥마을과 연계한 멋진 체류형관광자원이 될 것이다.

갈수록 소득은 오르고 경제는 나아진다고 하지만 행복지수는 떨어지고 스트레스는 쌓여 심리적 갈등을 해소할 길이 없다. 나 역시 마음은 옛날 그대로인데 세월은 나를 그렇게 놔두지를 않는다. 이럴 때 생각나는 친구들과 함께 찾는 곳이 찜질방이다. 생각을 아무리 되돌려본다한들 크게 달라질 일도 아니지만 무심히 흘러버린 지난날을 기웃거리며 방황하고 아쉬워하는 것이 우리의 솔직한 심정이다.

한국전이 일던 시절 태어난 나는 어언 고희古稀를 바라보고 있다. 이렇게 살았노라 자랑할 것도, 내놓을 만한 것도 없다. 큰 바탕 없이 세월에 밀려 살아온 볼품 없는 연륜은 어찌할 수 없는 나의 자화상이다. 긴 저녁 하얀 밤을 보내며 속내를 털어놓았던 우리는 너무도 비슷한 갑남을녀甲男乙女요 믿음의 동반자였다.

(2018. 3. 5.)

코다리 찬가

아는 이들을 만나면 흔히 '식사 한 번 합시다.'며 주고받는다. 가까운 사람끼리 만나 대화를 하며 음식을 나누는 일처럼 즐겁고 행복한 일이 있을까. 그럼에도 막상 나가려 하면 무엇을 먹을까, 어디로 갈까 서성이기 마련이다. 기대에 부풀어 멋진 곳으로 가보려 하지만 미리 예약하지 않으면 실망하는 때가 종종 있다.

교회예배를 마치고 이야기를 나누다보니 해가 저물었다. 저녁이나 먹고 가자는 K 집사의 제안에 갑자기 밖으로 나오게 되었다. 봉동 황태찜 잘하는 곳이 있다기에 예약도 없이 갔다. 3공단 주변은 현대자동차 공장이 들어서고부터 신시가지가 형성된 곳이다. 가는 날이 장날이라더니 '오늘은 쉽니다.'는 글귀만 붙어 있고 식당의 불은 꺼져 있었다.

아뿔싸, 딱히 아는 곳도 없으니 어이할까. 이럴 때는 많이 가는 곳으로 방향을 틀기 마련이다. 용진을 지나다 보니 초포다리 건너편에 '코다리 밥상'이라는 간판이 보이지 않는가. "저게 좋겠네. 저 집으로 갑시다." 하니 모두 약속이나 한 것처럼 그러자고 했다. 꿩 대신 닭이라 했던가? 무작정 들어가 자리를 잡았다. 우선 분위기가 좋아 안심이 되었다.

과거, 있는 집에서는 떡국을 끓이면 반드시 꿩고기로 국물을 냈다. 그러나 서민들은 값비싼 꿩고기를 쉽게 구할 수 없어 닭고기로 육수를 내다 보니 '꿩 대신 닭'이란 속담이 생겨난 것이다. 황태찜을 먹으려다 코다리로 대체된 것이다.

다섯 명이라 중 두 개를 시켜놓고 조금 있으니 따끈한 호박죽과 밑반찬이 나왔다. 출출한 마당에 잘되었다 싶어 호박죽은 후루룩 마셔버렸다. 또 김에 야채를 싸서 몇 번 먹으니 허기가 좀 가셨다. 동치미국물도 새큼하니 입맛을 돋우었다. 역시 기다리던 코다리가 들어왔다. 먹음직스럽게 드러난 속살을 마른 김에 밥과 양념장을 발라 싸먹으니 입안에서 슬슬 녹았다. 약간 매콤하지만 질기지 않고 살이 통통하여 감칠맛이 있었다. 시래기를 곁들이니 먹는 즐거움은 비주얼 폭발이었다.

'코다리'는 명태를 반쯤 말려 코를 꿴 것이기에 붙여진 이름이다. 황태나 북어보다 살이 연하여 어린이나 노약자들이 먹기에 좋아 주로 찜이나 조림으로 만들어서 먹는다.

명태는 버릴 것이 없는 생선이다. 단백질 칼슘이 풍부하여 공해에 찌든 현대인들에게 좋다고 한다. 아마노산은 숙취해소에, 비타민 E는 어린이의 세포발육은 물론 나이 드신 분들의 노화방지에 좋고 또 간을 보호하고 골다공증, 중금속배출에도 좋은 식품이란다, 특히 우울증과 피로감을 해소시키며 손발이 차가운 이들에게 효과가 좋단다. 요즘 '코다리 밥상' 전문점이 늘어나고 있어 눈길을 끈다.

음식점은 분위기 좋고 맛있는 집이라면 금상첨화다. 귀한 친구나 손님을 만날 경우 막상 나서려면 서성일 때가 많다. 오늘처럼 헛걸음치는 일이 얼마나 많던가? 비싼 대가를 치르고 경험을 한 것이다. 요즘 예약문화가 일상화되다 보니 전화 예약은 선결조건이다.

성경에 "모이기를 힘쓰며 집에서 떡을 떼며 기쁨과 순전한 마음으로 음식을 먹었다(행 2:46)"는 말씀이 있다. 우리는 연약한 인간이기에 조그마한 일로 마음에 응어리가 생기고 상처가 일기 마련이지만 찻잔을 기울이고 음식을 나누다 보면 지난날 풀지 못했던 숙제들이 봄눈 녹듯 녹아들었다. 서먹했던 벽이 허물어지고, 돈독한 관계로 이어지기 마련이었다. 자주 자리를 같이하여 코다리처럼 사랑의 열매가 줄줄이 꿰어지기를 소망해본다.

(2017. 2. 4.)

안덕원 댁 할머니

아침이면 가끔 전화벨이 울린다.

"어머니 계셔? 아침 같이 먹게 오시라고 혀." 하고 끊는다. 어머니께 말씀드리면 미리 약속이나 한 것처럼 부산하게 차림을 하고 나가신다. 오랫동안 혼자 사시는 이웃집 어머니의 친구분이다.

구순九旬이 되어가면서도 양로당에는 발걸음도 안 하셨다. "혼자 사는 것이 편혀." 하면서도 늘 바쁘셨다. 앞마당의 잔디를 관리하며 100여 평 되는 텃밭을 가꾸느라 시간이 부족한 분이셨다. 8남매의 자녀들은 전주를 비롯 서울 인천 부산 등지에서 사는 다복한 집안이다. 명절이나 그 남편 기일이 되면 걸죽한 자손들이 몰려들어 시끌벅쩍하지만 하룻밤만 지나면 바닷가 썰물 빠지듯 조용해진다. 큰 집에 혼자 사시니 가끔 어머니를 불러 식사 친구로 어울리셨다.

일찍이 남편을 보내야 했던 안덕원 댁 할머니는 8남매를 기르고 가르치느라 안 해 본 일이 없었단다. 전주 인근 이 마을 저 마을을 다니며 옹기장사를 하고 보험회사를 다니며 열심히 일하셨다. 자신은 많이 배우지 못했지만 자식들만은 눈을 띄워야겠다는 일념으로 발품을 팔았으니 깊은 속사정을 어찌 말로 다하랴. 땀흘리며 힘들어하는 어머니를 보며 자녀들은 남보다 뒤지지 않으려 열심히 노력했을 것이다.

자녀들은 잘 자라 어머니의 짐을 덜어드렸다. 큰아들은 누구도 엄두내기 힘든 사법고시를 거쳐 검사장급으로 일했다. 몇 년 전에는 손녀도 사법고시를 거쳐 수원지법 판사가 되었다며 동네잔치를 벌이지 않았던가. "입신하여 도를 행하고 후세에 이름을 날려 부모를 드러나게 하는 것이 효의 마침"이라는 《효경孝經》의 가르침을 실천한 집안이다. 한 집안에서 법조계는 물론 의사, 목사, 교사 등 어머니의 염원에 따라 자손들이 제 앞길을 개척해 나갔다.

언젠가 이 마을을 이사가려던 나에게 "이 집에서 면장, 과장도 되고, 아들이 회계사도 된 복받은 집인디 먼 소리여." 극구 말리셨던 할머니였다. 정들면 고향이라더니 퇴직을 하고 살다 보니 많이 정이 들었다. 도시 속의 전원이랄까…. 여름철 저녁이면 개구리, 매미 소리가 마음을 맑게 해준다. 무엇보다 이 마을에 오래 사셨던 어머니가 떠나려 하지 않아 삼십여 년을 살았다.

몇 년 전 어느 가을, 이 할머니는 현관 앞에 주저앉아 풀을 뽑고 계셨다. "요즘은 밥맛이 없어." 가끔 어머니를 부르셨던 그 할머니, 기력이 많이 쇠하신 듯 보였다. 서편에는 붉으스레 저녁노을이 짙게 물들어가고 있었다. 아내가 호박죽을 한 그릇 가져다 드리니 얼마나 좋아하셨던가. 도시생활이 그렇듯, 바로 이웃임에도 당뇨가 조금 있다는 것 외에는 아무것도 모르고 무심히 지냈다. 그러던 분이 며칠 후 당뇨, 간암 등 합병증으로 번졌다며 큰아들 내외가 와서 모셔간 것이다. 90이 되어가는 노령에도 정신이 맑고 자존심이 강하여 웬만큼 몸이 불편해도 내색을 하지 않으신 분이셨다. 보름쯤 지났을까, 서울 큰아들 집에서 운명하셨다는 비보였다.

가시기 몇 년 전 교통사고로 40대 중반의 셋째 아들을 잃어야 했다. 제일 마음 아파하고 걸리던 아들이 갔으니 더없이 절망했을 것이다. 당신보다 먼저 아들을 저세상으로 보내야 했으니 얼마나 가슴이 저렸을까. 그 다음해 그 손녀가 의대 합격 소식에 용돈을 털어 등록금을 마련해 주었다며 자랑하시고 흐뭇해 하셨다. 이 할머니는 늘 자녀들 이야기만 하면 힘이 생기고 용기가 있었다.

삶과 죽음은 누구도 비켜갈 수가 없다. 불과 보름 전까지 노구의 몸이지만 혼자 식사를 꾸리며 정정하셨는데…. 하나둘씩 떠나시는 것을 보며 어머니는 "그 양반 복 많은 사람이여, 좋은 때 잘 갔구먼." 오히려 부러워하신다. 지난해부터 거동을 제대로 못하시는 어머니이기에 큰 고통 없이 먼저 가신 이분이 부러웠을지도 모른다.

맨주먹으로 가정를 일으키며 자녀들을 우뚝 세워놓은 안덕원 할머니는 마을의 아름다운 전설이 되고 있다. 주인 없이 감나무가 바람에 흔들린다. 힘없이 털썩 주저앉아 풀을 뽑으시던 안덕원 댁 할머니가 아른거린다.

(2017. 7. 7.)

아무도 찾지 않는 이들

우리 교회에서는 매월 한 번씩 교도소를 방문한다. 음식을 준비하고 결연을 맺은 그들을 만나러 간다. 먼저 안내소에 주민등록증과 핸드폰을 맡기고 들어가면 통로에 "낙타는 결코 뒤를 돌아보지 않는다."라는 글귀가 붙어있다. 철저한 경비 속에 철문 다섯 군데를 지나야 한다. 날씨만큼이나 냉기가 감도는 곳에서 푸른 수의囚衣를 입은 이들을 만난다. 이렇듯 그들에게 성경을 가르치고 음식을 나누어주며 서로 대화의 시간을 갖는다.

우리가 만나는 그들은 장기복역수들이다. 잠시도 얼굴을 펴지 못하는 그들에게 꿈과 희망은 먼 세상의 일일 뿐이다. 우리를 애타게 기다린 이유가 신앙심의 발로였다면 얼마나 좋을까. 포도나 음료 등은 술로 변할 가능성이 있어 반입이 금지되어 있으니 지정된 과일이나 피자, 떡, 통닭 등을 준비한다. 음식을 나누며 대화도 나눈다. "좀 더 일찍 하나님을 알았더라면 이곳에 오지 않았을 텐데!" 하며 후회하는 이들도 있다. 이들에게 어떻게 권면해야 할까? 다만 목사님을 통해 용기를 주는 내용으로 권면하여 전화위복의 기회로 삼기를 기도할 뿐이다.

항상 수심이 가득 찬 20대 청년은 명문대학에 다니다 우발적 사고로 들어왔단다. 속사정을 말하지 않으니 무슨 까닭인지는 알 수 없다. 한참 공부하고 가족을 부양해야 할 나이에 영어囹圄의 몸이 되었으니 그 건장한 체구와 넘치는 에너지가 아까울 뿐이다. 아직 가을인데도 몸을 움츠리며 귀마개를 하고 나온 67세의 고령자도 있으니 무슨 사연이 있을까. 자업자득自業自得이니 동정을 보여서는 안 되는 것일까?

요즘엔 민주화되어 격월제로 가족과의 만남을 허용하고 있다. 다행히 가족이 있어 찾아오면 반가운 대화도 나눌 수 있으련만, 아무도 찾지 않는 이들이 있다. 지난달엔 그들과 만나기로 약속하여 30여 명이 기다리고 있었다. 예정된 시간에 식사자리를 준비하고 대화를 시도했지만 적막감만 흘렀다. 이미 형기를 마치고 출소해도 만나기를 거부하며 이사해 버린 가족들이 있단다. 갱생보호공단이나 보호관찰소에서 출소한 뒤 갈 곳이 없는 이들에게 임시거처를 마련해 주며 직업훈련 등 사회안전망을 확대 운영하고 있다니 다행이다.

이처럼 지원기관이 있음에도 아직은 소극적이어서 큰 효과를 거두지 못한 형편이다. 확실한 직업교육을 터득한 후 사회의 일원으로 생산현장에 나갈 수 있다면 얼마나 좋을까? 장기수들에게는 1인 1기의 확실한 기술 연마가 필요할 것이다. 마땅한 직업을 찾지 못하고 사회적 시선이 따가워 또 다른 범죄의 전철을 밟곤 한단다. 가정환경이나 성장과정에서 나타나는 정서적 요인이 복합적으로 작용하지 않았을까. 요즘 농촌에 조부모 밑에서 자라는 결손가정이 늘어나고 있다. 생활고와 성격 차이로 이혼하는 바람에 자녀들이 비행청소년으로 변할 우려가 크기 때문이다.

어려서부터 잘못 길들여진 습관은 쉽게 개선되지 않는다. 사회에 나와서도 누군가 손을 잡아주지 않으면 악순환은 계속될 것이다. 과거에는 그들에 대한 사회적 편견이 가혹했고 발붙이기가 힘들었다. 사회에 누를 끼친 사람이라 할지라도 자립하고 건강한 구성원으로서 살 수 있도록 자활의지를 심어주고 재생할 수 있는 기회를 제공한다면 범죄는 줄어들 것이다.

프랑스에서는 "쇠이유"란 프로그램이 있단다. 소년원에 수감중인 15~18세 청소년들을 대상으로 언어가 통하지 않는 다른 나라에서 3개월동안 하루 25km 이상씩 총 2,000km를 걸으면 석방해주는 교정 프로그램이다. 스스로 해냈다는 자신감의 자기 존엄성을 회복한단다. 우리도 한 번쯤 검토해 볼 일이다.

세상사 모두 나의 일이요 멀리할 수 없는 사회문제로 확산될 수밖에 없다. 누구도 피해의 대상에서 비켜갈 수 없기에 우리 모두 관심을 갖고 서로 보듬어 주어야 한다. 사회에서 같이 살 수 있는 터전이 마련되어야 한다.

사회가 그들을 멀리하지 않는다는 확신을 가질 때 바른길을 가려고 노력할 것이다. 땀 흘리지 않으면 아무것도 이룰 수 없다. 무한불성無汗不成의 정신을 갖도록 서로 도와야 한다. 함께 살아가야 할 내 이웃이요, 형제일 테니 말이다. (2016. 11. 20.)

제4부

수필을 배우며
서여기인書如其人
〈바램〉 노래를 들으며
마음의 여백
열차 여행
커피 한 잔
봄비
잊혀가는 모내기
10월을 보내며
고양이 천국
을미년 새해를 맞으며
제비

마음의 여백이 있다는 것은 넉넉하여 여유가 있다는 뜻이다. 마음 한쪽을 비워두어야 필요한 사람에게 나누어 줄 수 있다. 건강한 사람들이 자기의 고민거리를 최소화하여 생긴 마음의 여유를 다른 사람에게 관심과 사랑으로 채워주는 일이다.

수필을 배우며

일꾼이 일자리를 잃어버렸으니 하루하루가 밋밋하다. 은퇴를 하고 어제나 오늘이 다르지 않으니 등산을 하거나 서예학원을 가기 마련이었다. 있는 것이 시간뿐이니 멀어져가는 지난날의 흔적을 더듬어보고 싶었다. 가벼운 바람에도 힘없이 날리는 낙엽을 보며 아쉬움에 젖어보기도 했다. 누군가와 찻잔을 기울이며 속마음이라도 터놓고 싶은 심정이었다.

전문가들은 말한다. 좋은 에세이는 시성詩性이 있어야 하고 막힘이 없어야 한다. 리듬과 호흡에 맞아야 하고, 글도 몸매가 좋아야 하며 친정 어머니의 이야기처럼 구수한 맛이 흘러야 한다고 한다. 글을 쓰는 일이 어디 쉬운 일인가. 준비된 선수만이 접근할 수 있는 것이라 생각을 하면서도 욕심을 내어본다. 독자들에게 공감을 주며 고개를 끄덕여 주는 글이어야 하는데 걱정이다. 그러기에 긍정적인 생각과 반성하는 자세로 써야 한다. 말은 시간이 지나면 잊히지만, 글은 문자화되는 순간 인격이 드러나며 속살이 뻔히 드러나기 때문에 쉽사리 접근할 수도 소홀히 할 수도 없다.

난 어려서부터 글쓰기에는 문외한門外漢이었다. 누구와 연애편지라도 주고 받지 못했다. 수필은 일기 쓰기에서부터 시작되어야 하는데 그마저 지속하지 못했으니 준비 없는 초년생임이 분명하다. 그러나 어쩌랴. 용기를 내보자. 누구도 걷지 않은 나만이 걸어온 길이기에 마음을 가다듬어 자신과 대화의 문을 열자고 최면을 걸어본다.

이윽고 2013년 봄, 전북대학교 평생교육원 수필반의 문을 두드렸다. 비슷한 문우님들을 만났고 김학 교수님을 만났다. 강의가 시작되면 먼저 돌아가면서 칭찬거리를 소개하는 시간이다. 글을 쓰려면 먼저 긍정적인 시각으로 사회를 보는 눈이 달라져야 한다는 뜻이다. 또 유명작가들의 글과 동료 문우들의 습작을 읽고 자신의 생각을 이야기하며 글쓰기의 다리를 놓아주는 일을 되풀이한다. 배움의 길이 그렇듯 어디 왕도가 있다던가? 서당 개 3년이면 풍월을 읊는다는데 요행히 《대한문학》 2014년도 가을호에서 '수필가'라는 칭호를 받았지만 이제 시작일 뿐이다.

이왕 글쓰기에 들어섰으니 글다운 글을 써보자고 욕심을 부려보지만 마음대로 되지 않는다. 썼다 지우기를 수없이 반복하며 이것이 나의 한계임을 실감한다. 진땀을 흘리며 써놓은 글도 하루가 지나서 읽어보면 부끄럽기 짝이 없다. 때로 좌절하고 자기비하에 빠지기도 하지만 "첫술에 배부르랴." 용기를 내어본다. 중국의 문호 구양수歐陽脩는 다독多讀 다작多作 다상량多商量을 강조하지 않았던가. 많이 읽고, 많이 쓰고, 많이 생각하라는 뜻이다.

글을 쓰면 좋은 점이 많다. 먼저 나 자신을 발견하게 된다. 수필은 저마다 삶의 고백이기에 독자들이 거짓인지 아닌지 어찌 모를까? 생각하는 나와 행동하는 내가 충돌한다. 페르소나(persona)가 존재하고 있었다. 가면을 쓴 이중적 페르소나(persona)란 타인에게 비쳐지기를 바라는 외적성격의 심리학적 용어로 원래 그리스의 고대극에서 배우들이 쓰던 가면이었다, 자기의 본모습을 숨기고 새롭게 포장되어 나타나는 신체적 정신적 현상을 말한다.

수필을 쓰면 자신의 생각을 체계적으로 정리하는 계기가 된다. 골자만을 요약하는 습관이 생기므로 이야기할 때도 중언부언하지 않게 된다. 특히 수필은 파급력이 크다는 점이다. 글은 공간적 제약을 받지 않기 때문에 문자화되는 순간 많은 사람들에게 퍼져 나갈 수 있지 않는가.

왜 글을 쓸까, 자신에게 묻기도 한다. 아무리 가족이라 해도 생각을 말로나 글로 표현하지 않으면 알 수 없는 일이다. 서울 삼육대학 K 교수는 팔순이 넘은 아버지의 수필집을 읽고 그때서야 아버지의 걸어온 길을 알게 되었다며 울고 또 울었다고 털어놓았다. 6 · 25때 북한에서 내려와 난민수용소를 거치며 견뎌야 했던 일들을 자녀들에게 다 털어놓지 못했던가 보다.

지난가을에는 같이 공부하던 팔순의 K 문우님이 갑자기 세상을 뜨셨다. 수필집을 발간한 지 두 달 만이었다. 문단에 등단한 지 불과 몇 달 되지 않는데도 수필집을 내겠다며 허둥대셨다. 예견이라도 하듯 그간 모아둔 글을 남기고 싶어 지난 8월 《은비녀》란 제목으로 수필집을 내셨다. 그렇게 좋아하고 행복해하며 기쁨을 같이했던 분이 아니던가. 언제 우리의 명이 다할지는 모를 일, 마지막 흔적을 남기고 떠나신 그 문우님께 아쉽지만 경의를 드린다.

글을 쓰는 일은 자신과의 대화다. 오래된 기억의 이삭줍기나 다름없으니 많은 사유思惟의 과정이 필요하다. 지난날은 물론 오늘을 살아가는 우리의 숨결을 묘사하는 일이다. 숨겨진 보석을 찾아내고 의미를 담기 위해 노력하여야 한다. 한 편 한 편의 작품을 완성하고 나면 마음이 후련해진다. 버리기 아까운 흔적을 정리하다 보니 감동에 젖기도 한다. 이 모두 나의 흔적이요 소중한 자산이다. 초가을 귀뚜라미가 울고 마당에 별빛이 쏟아지는 밤에도 이삭줍기의 긴 터널을 헤매는 날이 늘어났다.

수필쓰기는 일상의 틀 속에 잠재해 있는 것을 찾아내는 작업이다. 화선지에 먹물이 스며들듯 은은한 향기를 뿜으며 아름다운 무늬를 만들어갔으면 좋겠다. 단 한 사람이라도 미소를 지으며 공감해 줄 수 있는 맛깔스런 글을 쓰고 싶다.

(2016. 11. 5.)

서여기인書如其人

사람은 누구나 취미 하나쯤 갖고 살기를 갈망한다. 여가시간을 의미있게 보내는 것은 신선한 활력소가 되며 잔잔한 행복으로 다가온다. 말은 쉽지만 원하는 기능 하나를 연마하려면 경제적, 정신적으로 많은 투자가 있어야 한다. 취미 하나쯤 살려 나가는 것이 엄청난 노력과 인내가 필요하기 때문이다. 나는 특별히 타고난 재주는 없지만 서예에 관심이 있었다. 직장에 다니면서도 몇 차례 하다 말기를 반복하며 지냈다. 퇴직 이후 무미건조한 일상을 어떻게 보내야 할까를 생각하니 정신이 번쩍 들어 시작한 것이 붓글씨다.

글씨는 의사전달의 수단이다. 가까운 사람끼리는 말과 행동으로도 할 수 있지만 멀리 있으면 글이 아니면 소통할 수 없기 때문이다. 특히 한자문화권에 있는 우리 조상들은 문자를 붓으로 그려왔다. 서여기인書如其人이라 하여 붓글씨가 그 사람의 인품을 상징하기도 하였으며 과거를 통한 인재등용의 수단이 되기도 했다. 심지어는 그 사람의 인품 결정론이라 평하기도 했다. 서예는 기본적으로 문자가 요구하는 최소한의 틀을 유지하면서 예술적 표현을 추구하는 문자예술이다.

상형문자에서 비롯된 한자는 전서篆書에서 그 기원을 찾을 수 있다. 사물의 모형과 생각을 형상화하여 조형성과 회화성을 함축하고 있다. 그러기에 글씨를 마치 새가 날아가듯, 짐승이 치달리듯, 신령스럽고 상서로운 특이한 모양을 하기도 하고, 물이 흐르고 해가 비치듯 형체를 이루기도 하며, 근심과 기쁨에 차 있는 모습을 나타내기도 한다.

서예가 예술로 출현한 지는 3C경부터였다. 최근 전자산업이 급속도로 발달하다 보니 서예의 환경도 많이 변해버렸다. 비교적 정형화되어 있는 글씨는 컴퓨터에 의존하게 되었다. 한글은 사람들의 선호에 따라 폰트를 다양하게 개발해 나가고 있다. 더욱이 젊은층들은 손글씨를 쓰려 하지 않으니 먹을 갈고 화선지를 펴야 하는 붓글씨야 오죽하랴! 갈수록 힘들고 어렵거나 경제에 도움이 되지 않는 일은 하지 않으려 한다.

한글에는 궁체宮體, 판본체板本体, 민체民体가 대표적이다. 궁체는 조선중기 이후 궁중에서 생겨난 서체이다. 자획이 곧으며 단정하고 아담하여 한글서예의 정통을 이루고 있다. 또 판본체는 고딕형으로 간판이나 프래카드에 주로 이용한다. 이에 비하여 민체는 조선조 중기 이후 정법을 배우지 못한 서민들이 소통하려 자연스럽게 쓴 글씨다. 요즘 고정된 원칙과 틀을 벗어나려는 움직임이 일어 자연스런 현상이며 원광대학교 여태명 교수가 앞장서 보급하고 있다. 갈수록 글씨가 조형미술화 되어가는 추세이며 '캘리그리피'로 발전되어가고 있다.

정년을 4년여 앞두고 서예를 시작하였으니 벌써 10년째에 이른다. 큰 욕심 없이 좋은 좌우명 하나쯤 내 방에 걸어놓고 마음을 다스리고 싶었다. 몇 년 쓰면 되리라 마음먹었지만 갈수록 자신이 없어지고, 남에게 가훈 하나 써 줄 용기가 나지 않아 늘 미루며 시작하는 마음으로 글을 쓴다.

공모전이 있을 때면 평소 좋아하는 글귀를 모아 두었다가 작품을 만들기도 했다. 지난 2013년 봄, 전라북도 미술대전에는 다산 선생의 글귀가 너무 좋아 작품으로 출품하였더니 우수상을 받은바 있지만 이제 시작이려니 싶다.

> 밉게 보면 잡초 아닌 풀이 없고,
> 곱게 보면 꽃 아닌 사람이 없으되,
> 내가 잡초 되기 싫으니
> 그대를 꽃으로 볼 일이다.
>
> 《목민심서》 중

붓글씨를 쓰다 보니 주옥같은 글을 남긴 성현들을 많이 만난다. 다산 선생은 그 시대의 아까운 인재였지만 당파 싸움으로 유배되어 전남 강진에서 18년간 아까운 세월을 보내지 않았던가. 유배지에서 남긴 《목민심서》, 《경세유표》, 《흠흠신서》, 《여유당일기》 등은 후세에 더없는 교훈이 되고 있다. 정치 경제 사회는 물론 가정생활에 이르기까지 섭렵한 주옥같은 글이다. '시절을 아파하지 아니하고 세속에 분노하지 않으면 시가 아니라'고 유배지에서 아들에게 보낸 편지는 지금도 늘 회자되고 있다.

서예를 왜 하는가, 바쁘고 가뜩이나 할 일 많은 세상이니 때론 갈등하며 혼란이 일 때도 있다. 그럼에도 뭔가 하려면 고비를 넘겨야 한다. 먹을 갈고 묵향에 젖어 붓을 잡으면 잡념이 없어지고 시간 가는 줄 모른다. 최근 쏟아지는 정보의 홍수 속에서 시류를 좇다 보면 머리만 아프고 정신이 산란해지지 않던가. 내가 좋아하는 글귀를 골라 작품을 만들고 동호인들과 교유하며 유유자적할 수 있으니 좋다. 욕심을 버리고 주어진 여건에서 좋아하는 일을 하다 보니 평화가 찾아왔다.

요즘 대대로 이어온 미풍양속이 사라져가고 있다. 1990년대 이후 정보화사회가 도래하면서 웬만하면 컴퓨터에 의존하다 보니 삭막해질 뿐이다. 서예는 누구에게도 간섭받지 않으며 작품에 전념하다 보니 나만의 행복이 다가왔다. 이제 화선지를 펼치고 아는 분들에게 가훈이라도 하나씩 전하고 싶다.

(2016. 9. 20.)

〈바램〉 노래를 들으며

얼마 전 MBN-TV 〈동치미〉 프로그램에서다. 〈바램〉이란 노래를 부르며 눈시울을 뜨겁게 했던 가수 노사연은 자신의 삶을 진솔하게 털어놓았다. 요즘 50대 중년부부들에게 선풍적 인기를 끌고있는 이 노래는 힘들고 어려웠던 긴 터널을 지나온 이들의 애환을 잘 대변해주고 있어 진한 감동을 준다.

애절한 음색으로 "등에 짊어진 삶의 무게가 온몸을 아프게 했다."고 호소한다. "힘들고, 외로워질 때 내 얘길 조금만 들어 준다면 어느 날 갑자기 세월의 한복판에 덩그러니 혼자 있진 않겠죠." 하며 우리의 마음을 후빈다. 자기의 노래이기도 하지만 수백 번 부르고 또 들어도 진한 공감이 온다며 눈물을 적셨다.

대중가요는 어쩌면 우리의 삶이요 우리 마음에 흐르는 정서를 음악으로 호소하는 한 편의 시詩가 아닌가. 우리가 기쁠 때나 외로울 때 노래를 부르는 이유도 여기에 있다. 가수 노사연은 많은 노래를 내놓지는 않았지만 참 좋은 노래를 불러주었다. 1993년 결혼하면서 〈만남〉이라는 노래로 많은 사람들의 애창곡이 되기도 했다. 우리는 누구나 만남 속에서 살아간다. 태어나면서부터 부모를 만나고 형제 친구들과의 만남도 있다. 그러나 더없이 소중한 것은 부부의 만남이 아닐까. 노래가사와 같이 우연이 아님은 두말할 여지가 없다. 그런 의미에서 〈바램〉 또한 부부의 연을 더 두텁게 진한 맛을 주기에 충분하다.

내가 결혼할 때 주례목사님은 이런 당부를 하셨다. 부부란 "모든 것을 참으며 모든 것을 믿으며 모든 것을 바라며 모든 것을 견디라(고전 13:7)"고…. 서로 참고 견디며 노래가사와 같이 저 높은 곳을 향하여 함께 가라는 당부일 것이다. 서로 다른 환경에서 만났으니 어느 누가 순탄하기만을 바라겠는가. 서로를 신뢰하는 믿음에서 '바램'은 성립할 수 있을 것이다. 우리 부부도 숱한 고비가 있을 때마다 그 말씀을 새기며 정신을 차리곤 했다.

가정은 의식주활동을 공유하는 생활공동체가 아닌가. 부부가 만나 가정을 이루며 정신적 지지를 보내는 안식처이자 물리적 공간이다. 요즘 가족형태가 핵가족으로 변해가면서 이혼이 증가하고 조손祖孫가정, 빈곤아동이 발생하여 가족해체로까지 이어지고 있으니 걱정이다. 급기야는 건강가정지원법까지 등장하게 되었으니 말이다. 축복이어야 할 부부가 가족가치의 중요성을 인식하지 못하고 자기의 생각을 행동으로 옮길 때 이처럼 사회문제로 이어지지 않던가.

숱한 어려움 속에서도 평생을 함께 살아가는 것은 아름다운 일이다. 서로를 믿는 바람이 없었다면 어림없는 일이다. 때로 노老부부들이 음식점에 들러 정담을 나누며 식사하는 모습을 보면 그렇게 좋을 수가 없다. 그들의 노년은 늙어가는 것이 아니라 익어가는 참모습을 보여주는 장면이다. 툭하면 순간을 참지 못하여 삶을 포기하는 뉴스를 볼 때마다 비록 많이 못 배우고 잘나지는 못했어도 이들이 사회의 거울이요 스승이란 생각이 든다. 값진 보석이 뜨거운 과정을 거치듯 고통은 마음을 자라게 하고 영혼을 성숙하게 하는 통로가 될 것이다.

최근 《노래는 위로다》란 책을 낸 김철웅 씨는 "양극화에로 출구조차 없는 사회에서 위로받을 수 있는 것은 노래다."라고 강조한다. 울타리 밖으로 밀려난 노인들, 직장을 잃고 아이들의 학비를 마련할 길이 없어 애태워야 하는 가장들, 대학을 졸업하고도 일자리를 마련하지 못해 골방에서 책과 씨름해야 하는 젊은이들을 생각하면 늘 불안하다. 그들에게 용기를 주고 그들의 버팀목이 될 수 있는 따뜻한 손길이 필요할 때이다. 신명나는 노래를 부르며 덩실덩실 춤이라도 추고 싶다.

깊어가는 가을, 실바람에도 우수수 지는 낙엽을 보며 따뜻한 이웃의 정이 그리워지는 계절이다. 아름다운 노래로 잔잔한 감동을 주며 행복을 느끼게 한 것은 우리의 감성적 유전자 때문일까. 이처럼 좋은 노래가 계속 나와 가슴을 뻥 뚫리게 했으면 좋겠다. 어디 가수뿐이랴, 비록 화려한 글은 아닐지라도 아름다운 글을 써서 누군가에게 공감을 주며 자신의 지평을 넓힐 수만 있다면 더없는 축복이려니 싶다. 이런 신념으로 나는 오늘도 책상 앞에 앉아 수필 시늉을 내어본다.

(2015. 11. 1.)

마음의 여백

마음의 여백이 있다는 것은 넉넉하여 여유가 있다는 뜻이다. 마음 한쪽을 비워두어야 필요한 사람에게 나누어 줄 수 있다. 건강한 사람들이 자기의 고민거리를 최소화하여 생긴 마음의 여유를 다른 사람에게 관심과 사랑으로 채워주는 일이다. 건강하지 못한 사람은 자신에 대한 염려와 고민으로 가득 차 있어 마음의 여유를 찾기 어렵다.

성경(신24:19)에 "네가 밭에서 곡식을 벨 때에 그 한 뭇을 밭에 잊어버렸거든 다시 가서 가져오지 말고 나그네와 고아와 과부를 위하여 남겨 두어라. 그리하면 네 하나님 여호와께서 네 손으로 하는 모든 일에 복을 내리시리라." 했다. 어렵고 힘들어하는 이웃에게 인색하지 말라는 가르침이다. 아무리 부유한 사람인들 자기가 쓰고 남는 이들이 얼마나 있을까. 남을 돕는 일은 자기가 넉넉해서가 아니요, 절약하고 씀씀이를 줄여 나갈 때 할 수 있는 것이다. 자기에겐 인색하지만 남에게 너그럽게 대하는 사람들이다.

애덤 그랜트 교수는 그의 저서 《오리지널스》에서 성공을 이룬 사람들의 공통점을 다음과 같이 요약한다. 주는 것보다 많이 받기를 바라는 사람(taker), 받는 것 만큼 되돌려주는 사람(matcher), 받는 것보다 더 많이 주는 사람(giver), 이 세 가지 유형 중 '받는 것보다 많이 되돌려 주는 사람(giver)'이 대부분 성공했다고 한다. 타인과의 상호관계가 좋기 때문에 주위로부터 지지를 많이 받으며 베풂을 통해 장기적으로는 강력한 힘을 받을 수 있었을 것이다.

조선시대 최대 가업을 이루었던 경주최씨 집안의 가훈은 널리 회자되고 있다. 부자 3대를 못간다는 말을 깨고 300년간 부를 지속할 수 있었으니 그 숨은 비결은 무엇이었을까.

첫째, 재산은 1년에 만 석(5천 가마) 이상을 모으지 말라.

둘째, 흉년에는 남의 논이나 밭을 사지 마라.

셋째, 가문의 며느리가 시집오면 3년 동안 무명옷을 입혀라.

넷째, 사방 100리 안에 굶어 죽는 사람이 없게 하라.

다섯째, 나그네를 후하게 대접하라.

여섯째, 절대 진사(제일 낮은 벼슬) 이상은 하지 말라.

욕심 부리지 말고 베풀면서 살라는 향기나는 가훈이다. 도덕적 해이가 심하게 나타나고 있는 요즘의 정치권 인사들이 눈여겨볼 일이다. 그 마지막 부자였던 최준(1884-1970)의 결단은 또 하나의 인생 사표가 되고 있으니 '재물은 분뇨와 같아서 한곳에 모아두면 악취가 나지만 골

고루 뿌려주면 거름이 되는 법'이라며 울림을 주고 있다.

나의 초등학교시절 학교에 가면 옥수수죽이나 우유를 끓여 한 그릇씩 나누어 주면 그걸 마시고 배고픔을 해결했다. 당시 미국의 잉여농산물이라 하지만 춘궁기 어려움을 도왔던 그들의 고마움을 잊지 못하고 있다. 당시 은혜를 입은 우리도 유엔난민기구를 통해 오래전부터 약소국들을 돕고 있다.

지난해 연말 TV를 통해 아프리카 짐바브웨 어린이들이 단돈 1달러가 없어 학교 취학을 못하고 어려움을 겪는 사례가 방영되었다. 어릴 때를 생각하니 울컥하여 전화로 정액기부 1구좌를 신청하여 부끄럽지만 조그마한 힘을 보탠 적이 있다.

자신과 다른 사람이 연결되어 있다고 느끼는 정도를 일컫는 말이 자아확장력이다. 자신의 마음속에 늘 타인을 생각하며 같이하고 있다고 느끼는 사람들이다. 어려운 사람을 보면 마음 아파하고 안타까워 할 줄 아는 일이다. 어려서부터 부모가 돕는 모습을 보고 자란 아이들은 커서도 그렇게 닮아간다고 한다. 선한 행동은 우연히 일어나는 것이 아니라 가정에서부터 자라나게 되기 때문이다.

남을 돕는 일에 어찌 시와 때를 가리랴, 연말연시 추운 겨울이 되면 주변을 돌아보는 계절이다. 연탄 한 장이 없어 추위에 떨고 있을 소년소녀가장, 노인들을 생각하면 마음이 아린다.

우리가 살아가는 동안 여기저기 여백을 마련해 두어야 한다. 하루 일정 중에 단 한 시간도 여백이 없다면 우리는 숨도 제대로 못 쉬는 삶을 사는 것이다. 마음에 여백을 남겨 필요한 사람들에게 다가갈 때 오히려 행복을 느끼게 될 것이다. 이웃을 향한 배려가 은밀한 기쁨과 은혜의 향기로 흘러나올 테니 말이다.

(2017. 12. 25.)

열차 여행

서울에 회의가 있어 전주역으로 갔다. 교회 마달피청소년수련원 운영위원회에 참석하기 위해서였다. 있는 게 시간뿐인데 서두를 이유가 있을까, 자연환경도 구경할 겸 무궁화호 3등 열차를 이용하기로 했다. 열차는 의자 사이가 넓고 편안하여 나만의 여유를 갖기에 안성맞춤이었다. 여기저기 쉬는 곳이 많으니 비록 느리기는 하지만 약속시간에 제대로 도착할 수도 있고 편리해서 좋다.

창밖엔 불과 엊그제 심은 벼들이 땅심을 알아 짙은 녹색으로 변하고 있다. 밭에는 고추와 가지가 주렁주렁 매달려 풍성한 가을을 연상케 한다. 과거 이맘때면 농부들은 논두렁 풀을 깎고 논을 매면서 구슬땀을 흘리지 않았던가. 아낙네들도 콩밭을 매며 베적삼이 흠뻑 적셔야 했다. 누님은 아버지 새참을 머리에 이고 나는 막걸리주전자를 들고 논두렁길을 따라다녔던 어릴 때의 일이다. 밖에는 누구하나 논밭에서 일하는 사람이 보이질 않는다. 자가용차량만 경적을 울리며 질주할 뿐 걷는 사람도 없다.

산골에서만 살았던 나는 중학교 3학년까지도 기차를 본 적이 없었다. 기차 한 번 타보는 것이 꿈이었다. 반경 10km 밖을 떠나본 적이 없는 우물 안의 개구리였다. 날씨가 궂거나 끄무레한 날이면 이웃 남원 금지를 지나 곡성으로 가는 기적 소리만 아스라이 들려올 뿐이었다. 중학교 수학여행을 가던 날, 임실관촌역 주변에서 우리 버스와 평행선을 달리던 기차를 보고 그만 "야, 기차다!" 엉겁결에 탄성을 지르다가 촌놈의 본색이 드러나며 부끄러워 몸을 움츠리고 말았다.

흙먼지가 푸석푸석 일던 신작로新作路엔 하루에 2~3회 완행버스가 다녔다. 정신을 바짝 차리지 않으면 차를 놓치기 십상이었다. 물물교환이 이루어지던 시절 나는 할아버지를 따라 늘 시장에 다녔다. 신발이나 고기라도 사려면 쌀이나 계란을 보자기에 싸들고 시장엘 갔다. 어느 날, 아랫집 어르신은 돼지새끼를 자루에 넣고 버스에 탔는데 누가 밟았는지 꿀~하며 돼지 울음소리가 터져 나올 때 손님들은 얼마나 놀랐던가.

열차역 주변 사람들은 문명의 혜택을 톡톡히 본 사람들이다. 차비가 싸서 좋고 많은 사람이 탈 수 있으니 다음 차를 기다리지 않아 더없이 편리했다. 농민들은 도시에 농산물을 내다 팔았으며, 원거리 학생들도 늘 열차통학을 했다. 그때는 시간의 완급을 가리지 않았으므로 많은 사람들이 3등 열차를 이용했다. 열차는 터널을 지나고 지역과 지역을 지나면서 서로 다른 문화를 연결해주는 고리역할을 했었다.

기차역에서 얽힌 사연도 한두 가지가 아니다. 아들을 군대 보내며 플

랫폼에 서서 눈물짓던 엄마들, 열차가 움직이면서 차창 밖으로 손을 흔드는 장정들의 모습은 아련한 추억이다. 꼭 성공해서 돌아오겠다고 다짐하며 보따리 하나를 들고 열차의 난간에 서서 멀어져갔던 젊은이들이었다. 나의 친구들도 남원역을 거쳐 서울로, 수원으로 여럿이 떠나 고생 고생을 하며 삶의 기반을 마련하기도 했다. 낯선 세계의 두려움을 안고 떠나야 했던 고향역은 그들의 새로운 출발점이었으며 애환이 서린 곳이다.

요즘이야 핸드폰으로 시간을 확인하고 필요한 시간대의 예매도 가능한 세상이니 다시없이 좋은 세상이다. 열차 안에 매점이 있고, 또 심심하면 오락도 할 수 있어 편리한 세상이다. 65세 이상 노인에게는 30% 할인혜택도 준다. 한창 익어가는 옥수수와 넘실대는 산과 들을 바라보는 마음은 나도 몰래 넉넉해진다. 옆자리 어떤 젊은이는 노트북을 펼치고 컴퓨터 작업을 하고, 저쪽에서는 의자를 회전하여 마주보며 대화를 나누는 그룹여행객도 있어 다정스러워 보인다.

얼이 서린 열차여행을 하며 자신을 돌아보게 되었다. 고희를 앞두고 누구도 거부할 수 없는 자신의 시계탑 앞에서 현재를 보람 있게 살아야 할 터인데 생각해 보니 내일만을 위해 오늘을 포기하며 살았던 순간이 얼마이던가. 이제부터는 현재를 열심히 살자고 다짐해본다. 그동안 바쁘게 살았고 뛰면서 무언가를 잡으려 했지만 지나고 보니 그저 허망할 뿐이다.

나의 인생도 얼마 뒤엔 내려야 하는 열차여행과 비슷하다. 아니 어느 순간 탈선할지 모르는 질주의 차량인지도 모른다. 따사로운 햇살의 황금들녘을 지나기도 하고, 먹구름 뒤덮인 산자락의 캄캄한 터널을 지나기도 한다. 가수 신해철은 신곡 발표를 며칠 앞두고 "세상이 끝난 곳에서도 나는 영원히 그대 곁에 있겠어요."란 말을 남겼지만 불멸의 객이 되었다. 내일 일을 우리가 어찌 알랴.

3등 열차를 타듯 이제 천천히 나의 길을 가고 싶다. 그동안 동승자로 잘 참아준 아내에게 감사를 전하며, 나의 인생열차에서 내릴 시간을 준비해야겠다. '그동안 고마웠소. 그대가 있어 행복했소!'라고 꼭 진심 어린 한마디를 하고 싶다.

(2016. 7. 24.)

커피 한 잔

 "커피 한잔하실래요."

"주시면 감사하죠."

아침에 여직원이 따끈한 맥심커피 한 잔을 타주었다. 식후에 커피 한 잔을 하고 하루를 시작하면 정신이 맑아지고 왠지 기분이 좋아진다. 고소한 향을 맡으며 과거 직장 동료들과 찻잔을 기울이던 추억에 젖어 본다.

직장에 출근하면 으레 차 한 잔씩 마셨다. 아침이면 8시쯤 나가 보고서를 준비하며 하루를 시작했다. 여직원들은 동료들의 취향에 따라 커피, 녹차 등을 챙겨주는 것을 당연하게 생각했으며 미풍양속으로 여기던 때였다. 손님이 오거나 행사가 있는 날에도 커피나 유자차를 받침에 받쳐 정중히 대접해야 했다. 서열이나 지위를 떠나 직장의 분위기를 위하여 여성들이 앞장서야 했으며 동양의 윤리라고도 생각했으리라.

민주화 바람이 일던 1987년 이후, 여성의 지위는 점점 신장되어 갔다. 보조업무만 맡아오던 여성들은 점차 제자리를 찾아가고 있었다. 자기방어권을 주장하게 되었고 당연한 권리를 찾아가고 있었다. 급기야 '내가 왜?' 반발이 일어났으며 여성들의 통합된 목소리는 종래 직권면직을 당하던 일이 법적 다툼에서 승소하여 여성의 권리는 실현되어 갔다. 결혼한 여성들은 퇴직하지 않아도 되었으며 자녀 출산에 따른 휴직문제도 받아들여졌다. 요즘 같으면 여성비하니 미투(Me Too)운동이니 하여 인터넷에 몰매를 맞을 일이다.

이렇듯 너와 나를 막론하고 상황의 변화에 당연히 순응해야 했다. 여성들에게 커피 요구는 언감생심焉敢生心 있을 수도 없는 일이었다. 청소 등 궂은일은 용역업체에 맡기게 되었으며 성평등문화가 정착되어 가고 있었다. 그동안 커피에 길들여진 직원들은 자연히 직장 주변의 다방을 맴돌았으며 모닝커피를 마시고 아침을 거른 동료들은 반숙계란으로 요기를 때우기도 했다. "커피 한잔하지." 인근다방을 전전하며 상사들의 눈치를 피해 애환을 달래기도 했다.

민주화 정보화 바람이 불면서 사회는 많이 변하여 갔다. 꿈만 같던 컴퓨터가 개인에게 보급되었고 정보화에 둔감한 사람들은 누구나 자판을 두드리며 자기관리에 여념이 없었다. 직장마다 직원교육은 물론 일반인에게도 개방되어 정보화를 확산해 나갔다. 또 같은 시기에 마이카 시대가 도래하고 있었다. 점심시간이면 배드민턴을 치고 축구를 하던 그 넓기만 하던 뒤뜰 광장은 주차장으로 변하여 버렸다. 감히 엄두도 못내던 촌뜨기인 나도 1992년에 자가용(엘란트라)을 구입하지 않았던가.

사회는 어디를 막론하고 바빠지고 있었다. 계획을 수립하려면 여기저기 정보를 검색하며 타당성 있는 자료를 만들어내야 했다. 이처럼 봇물처럼 터지는 요구는 다양해지고 있었다. 상황이 이렇다 보니 시간 절약 차원에서 직장의 복도마다 자판기 커피가 생겨나게 되었다. 회의라도 있는 날이면 남녀를 불문하고 자판기 커피를 빼다 주거나 생수병에 종이컵 하나씩 올려놓기도 했다. 일하다 커피 생각이 나면 자판기 앞에서 마시거나 책상 위에 놓고 고소한 향을 맡으며 일할 수 있었으니 일의 능률도 오르고 밖으로 다니던 시간도 절약되었다.

습관처럼 무서운 게 있을까. 커피라면 씁쓸하여 입에 대기도 싫었던 나였다. 맹물이나 마시고 숭늉이나 마시던 내가 어느새 커피를 좋아하게 되었으니 자판기 커피 때문이리라. 찬바람이 불고 눈이 펑펑 내리는 날 창가에 앉아 구수한 밀크커피 한 잔씩 나누다 보면 참으로 행복했다. 요즘도 외출할 때면 맥심 커피 한두 개씩은 가방에 가지고 다니며 커피향을 즐기곤 한다.

"커피 한잔하시죠.' 참 정감 넘치는 말이다. 가까운 친구들이나 동료들끼리도 오랜만에 만나면 주고받는 말이다. 은퇴 이후 모처럼 일자리를 하나 찾았다. 군산의 일터에서 동료 여성이 타 준 맥심커피 맛은 더없이 오늘 아침을 상쾌하게 한다. 하루를 시작하며 활력소가 되고 새 힘을 얻는다.

(2018. 4. 20.)

봄비

어젯밤 추적추적 봄비가 내리더니 아침엔 안개가 자욱했다. 날씨가 따뜻하다는 증거일 게다. 그동안 맹렬했던 추위가 밀물처럼 사그라지니 이제야 어깨를 쫙 펴본다. 깊숙이 넣어둔 가벼운 옷을 꺼내 입어 보지만 왠지 공허하다. 가방을 들고 도서관으로 향한다.

겨울에 눈이 많으면 풍년이 든다는데 지난겨울엔 눈이 적었다. 우수 경칩이 지나 입춘이 되어도 비다운 비가 내리지 않아 댐이나 저수지가 바닥을 드러내고 있었다. 모든 것이 때가 있는 법인데, 제때 비를 뿌려주지 않으니 식물들이 몸살을 했다. 모든 식물은 하늘에서 비가 내려야 땅맛을 알고 뿌리를 내린다. 목마른 자에게 생수 한 모금이 절실하듯 다행히 어제 내린 비는 단비가 아닐 수 없다.

지난 3월 초 텃밭에 완두콩을 심고 아침마다 물을 주며 아무리 들여다보아도 새싹 소식이 없었다. 퇴비도 주고 온 정성을 기울였지만 꿈적하지 않더니 이게 웬일인가!

이번 비로 그 무거운 흙더미를 뚫고 싹이 불쑥 솟아오른다. 요 며칠 사이에 뜰에는 초록빛 물감이 수런수런 번지기 시작한다. 기다리던 정든 임을 만나듯 반가운 일이 아닌가. 심은 씨앗이 움을 돋우며 결실을 본다는 것은 즐거운 일이다. 어디 이뿐이랴! 화단에 수선화가 피고 철쭉이 금방 만세를 부르며 꽃망울을 터트릴 기세다. 필요에 따라 하늘에서 내리는 비는 모든 식물들의 생기를 주며 대단한 위력을 발휘하게 한다.

귀한 보석일수록 연단의 과정을 거쳐야 하듯 사람도 식물도 마찬가지다. 꽃나무들이 추운 겨울 눈보라와 어두운 터널을 지나니 이처럼 아름답게 꽃이 피고 따뜻한 봄이 찾아온 것이다. 봄은 자연스럽게 찾아오는데 우리는 그 추운 겨울을 보내며 힘들어 했다. 모든 식물은 한번씩 몸살을 해야 아름다운 꽃이 피고 그 소중함을 느끼지 않던가.

봄이 되면 나는 좀이 쑤셔 가만 있지를 못한다. 좁은 화단이지만 무언가 심고 싶은 충동이 도사린다. 이번 봄비를 맞으며 라일락과 목련을 한 그루씩 심었다. 라일락은 향기가 그윽할 뿐 아니라 샤워를 막 끝내고 나온 청초한 여인처럼 못내 사랑스럽다. 조금 있으면 꽃이 피고 싱그러운 자태를 드러낼 것이다. 향기는 담을 넘어 멀리 퍼져 봄소식을 전하리라. 따뜻한 봄날이 오면 그동안 움츠렸던 척박한 내 마음에도 향기로운 화초를 한 그루 가꾸어 보고 싶다.

우리가 일하고 땀 흘리는 것은 인간다운 삶을 살기 위한 자연스러운 욕구다. 봄에 씨를 뿌리는 것도 풍성한 가을을 준비하기 위함이다. 시인 윤동주는 “내 인생에 가을이 오면 나는 나에게 삶이 얼마나 아름다웠느냐고 묻겠다."고 했다. 나는 이순耳順을 넘어 수필을 알게 되었지만 이제라도 후회하지 않는 나의 가을을 위해 이모작을 준비하는 봄날을 보내고 싶다. 되돌아갈수 없는 인생길에 잊혀가는 기억을 더듬어보고 싶어진다.

직장을 떠나며 붓글씨도 배우고, 수필가로도 입문하게 되었다. 이 두 친구는 많은 사색과 연마의 시간이 필요한 일이다. 묵향 그윽한 붓을 가까이하며, 또 나의 영혼이 깃든 수필집도 엮어보고 싶다. 늦게 만난 수필은 해 질 녘 정처 없이 떠나는 나그네에게 다정한 길동무가 되어주었다. 초라한 삶의 흔적을 내놓기 부끄럽고 용기가 없어 쓰다 말기를 수없이 반복하지만 한 작품을 완성하면 그렇게 행복할 수 없다. 누구도 걸어가 보지 않은 나의 삶이기에 스스로 만족해하며 즐거운 마음으로 그 길을 걸어가련다.

봄비에 돋아나는 새싹을 보며 희망과 용기를 얻고, 물소리 새소리를 들으며 아름다운 자연을 주신 하나님께 감사를 드린다. 오늘도 내 마음에 뿌려진 수필의 씨앗이 풍성한 열매 맺기를 기대하며 황무지를 개척하는 마음으로 가방을 든 남자가 된다. 공허한 마음에 희망의 불씨를 지피는 아름다운 수필을 쓰고 싶다.

(2015. 4. 1.)

잊혀가는 모내기

요즘 들녘에 모내기가 한창이다. 5월의 중순을 넘어서니 보리가 누렇게 익어간다. 방방하게 물을 잡은 논에서는 트랙터가 땅을 고르고 주변에는 그 뒤를 따라 백로, 물새들이 먹이를 찾아 몰려든다. 이앙기가 왔다 갔다 몇 번 하면서 순식간에 모내기를 마무리한다. 이미 모심기를 끝낸 논에서는 개구리 합창 소리가 요란스러우니 이 얼마나 아름다운 농촌풍경인가.

춘불경종 추후회春不耕種 秋後悔라 했다. 봄이 되면 씨앗을 뿌리고 먹거리를 준비하여야 한다. 우리 조상들은 식량 때문에 땅을 파며 살다가 땅으로 돌아갔다. 모내기는 대표적인 농사의 시작이다. 모내기는 농촌의 전통적인 풍경이다. 마을 사람들이 품앗이로 상부상조하며 동원되었던 시절 마치 잔칫날이라도 되듯 십여 명씩 몰려들어 서로를 도와주고 도움을 받으며 살았다. 우리 논 모 심는 날, 한쪽에선 모판의 모를 찌고 한쪽에선 모를 심었다. 모를 찌다 보니 모판 한쪽에 어린 메뚜기들이 몰려들었다. 할아버지는 두 손으로 순식간에 훔쳐 드시곤 하셨다. 건강에 좋다니 아무 부담 없이 드신 것이다. 농약을 쓰지 않을 때라 염려가 없었다.

모심기는 한 줄로 늘어서서 했다. 미처 다 심기도 전에 "줄이야." 하며 줄잡이가 못줄을 띄우면 흙탕물에 범벅이 되었다. 누가 Y담이라도 늘어놓으면 폭소를 터뜨리며 웃다가 모심기가 늦어져 핀잔을 받기도 했다. 여러 사람이 하는 일이라 속도를 잘 맞추어야 하므로 허리 한 번 펴지를 못했다. 허벅지가 간질간질하여 손으로 훔치다 보면 그 얄미운 거머리가 붙어 배가 불룩하게 피를 빨아먹기도 했다. 나는 모쟁이가 되어 중간중간에 모춤을 던져주곤 했다.

그날 점심은 더없는 꿀맛이었다. 할머니와 누나가 머리고 이고 들고 가져 왔다. 누나가 들고 오는 주전자에 하나는 막걸리가, 또 하나는 따끈한 숭늉이 들어 있었다. 논두렁 주변 그늘이 있는 곳에 자리를 잡고 앉아야 한다. 푸르스름한 완두콩 넣은 흰 쌀밥에 막 담근 배추김치와 생채는 기본이었다. 풋감자를 넣고 끓인 얼큰한 갈치찌개는 입맛을 돋우었다. 식사를 절반쯤 하다 보면 막걸리 한 잔씩 빼놓을 수 없는 일, 인심이 후하여 지나가던 길손도 눌러앉아 술 한 잔에 끼니를 해결하곤 했다. 논두렁에서 한참 쉬다가 또 모를 심었다.

이렇듯 모심기는 일시에 벌어지는 일이라서 이웃끼리 서로 돕지 않으면 추려 나가지를 못한다. 학교에서는 농번기에 방학을 주었으며, 인근 군부대가 동원되기도 했다. 그땐 천수답이 많아 6월 말까지 비가 오시 않으면 산두를 심거나 메밀을 심어야 했다. 농기계가 없던 시절

늘 이웃끼리 품앗이로 서로 도우며 살았다. 김치를 담가도, 맛있는 국을 끓여도 “양촌댁 이것 좀 잡숴 봐유.” 담 너머로 건네 주었다. 아버지가 이웃집에 가서 일해 주는 날이면 나는 으레 그 집에 가서 밥을 먹었다.

이제는 모판도 농협 등에서 대신하여 유상공급해주고 있다. 써레질은 트랙터로, 모심기는 이앙기로, 벼베기는 콤바인으로 하고 있으며 거름주기도 기계로 하고 있으니 농사철에도 들에는 사람이 없다. 기계화가 편리하기는 하지만 어느새 격세지감을 느끼게 한다.

70년대 산업화 이후엔 많은 젊은이들은 도시로 떠났다. 농촌은 노령층만 남게 되었다. 내 고향 순창 역시 65세 인구가 30%를 넘어서고 있고 마을마다 어린아이 울음소리를 들을 수가 없다니 걱정이다. 논농사야 대형 농기계로 해버리니 많은 일손이 필요 없지만 비닐하우스 밭농사는 힘들고 열악한 환경에서 일한다. 최근 다시 귀농 귀촌현상이 일고 있으니 다행이다. 많은 젊은이들이 돌아와 농촌이 활성화되었으면 좋겠다. 농촌이 살아야 국민이 행복해진다고 한다.

전남농업박물관에서는 초 · 중 · 고 학생과 부모를 대상으로 과거 전통방식에 따라 모내기 체험행사를 하고 있다. 모를 쪄서 모춤을 짚으로 묶어 논 가운데 던지기도 하며 못줄에 맞추어 심는다는 것이다. 잊혀가는 모내기 전통을 체험토록 하여 우리 조상들의 지혜와 슬기를 이해하는 일들이 계속 이어지기를 바란다.

(2015. 6. 8.)

10월을 보내며

보내기 아쉬운 10월이다. 눈이 시리도록 푸르른 하늘, 산과 들이 오색으로 물들어가는 아름다움 때문만은 아니리라. 어느 날 슬그머니 찾아온 가을에 속절없는 아쉬움이 남아서일까. 더없이 심오한 자연의 섭리를 깨닫게 하는 계절이다. 가수 이용은 10월을 배경으로 〈잊혀진 계절〉 노래를 불러 오랫동안 정상의 자리에 있었다. 10월의 마지막 밤, 하염없는 비가 뿌리니 초로의 마음이 숙연해진다.

나는 가을을 좋아한다. 결실의 계절, 산이나 들 어디를 가나 먹을거리가 풍성하여서 좋다. 산의 도토리를 주워 묵을 쑤어도 좋고, 주렁주렁 빨간 감을 보면 탐스러워 좋다. 봄에 씨를 뿌리고 땀 흘려 일한 덕에 농부들은 가을걷이를 하느라 부산하다. 고구마를 캐느라 먼 데 사는 아들, 손주들까지 동원되기도 한다. 그동안 피땀 흘린 대가를 보상받을 수 있으니 얼마나 소중하고 감사한 일인가! 누렇게 익어가는 들녘의 곡식은 더없이 마음을 훈훈하게 한다.

5월에 태어난 나는 어릴 적 생일이 돌아와도 쌀밥 한 그릇 제대로 먹지 못했다. 학교 도시락도 으레 꽁보리밥에 단무지와 고추장이었다. 가을이나 겨울에 생일이 든 친구들을 보면 무슨 복이 저리 많은가 부럽기도 했다. 추석 무렵 양식이 떨어질 즈음이면 아버지는 논에 나가 한쪽 귀퉁이에서 덜 익은 벼를 베어 윤기 자르르 나는 새 쌀밥을 해먹었다. 가을걷이를 하는 날이면 논두렁에서 어머니가 맛있게 준비해온 점심을 먹었고, 통통해진 메뚜기를 잡아 소금과 기름을 치고 볶아 먹던 추억을 잊을 수가 없다.

이제 10월이 간다. 어쩔 수 없이 보내야 할 모양이다. 앞뜰의 감나무 잎이 소리 없이 떨어진다. 풍요롭게만 보이던 논밭이 순식간에 황량한 대지로 변하고 있다. 곱게 물든 단풍은 남몰래 낙엽이 되어 떨어질 것이다. 곱게 물들어 가는 산과 들을 보며 황홀경에 빠지기도 하지만, 달랑거리는 나뭇잎을 생각하면 시한부 인생을 사는 것 같아 외로움에 젖기도 한다. 모든 나무들은 겨울이 오기 전에 낡은 옷을 벗어버리고 차가운 눈비를 맞을 준비를 할 것이다. 가을은 이처럼 희비쌍곡선을 이루며 마음을 흔드는 계절이다.

지난주에는 평생교육원 야외수업으로 순창 강천산에 다녀왔다. 보내기 아쉬운 계절이기에 수많은 인파가 북적이고 있었다. 멋들어진 계곡의 단풍을 보며 숨 막힐 것 같은 황홀감에 젖었다. 비단으로 수놓은 계곡에 흐르는 물소리는 선계仙界를 오르는 착각을 한다. 처연하리만큼 곱게 어우러진 자연은 하나님의 선물이었다.

점심은 순창 구림에 있는 H 문우님 집에서 하기로 했다. 정성 들여

앞뜰에 준비한 산채나물과 시골스런 밥상이 마냥 고맙고 뜨거운 동행임을 느꼈다. 25년간 자연과 어울려 애환을 달랬다던 H 문우님은 농촌 여인의 고달픈 삶을 수필로 잘 그려낼 것이다. 오랫동안 다져진 경험과 삶이 글로 어우러질 때 감칠맛 나는 작품이 되려니 싶다. 뒤뜰에 까치밥으로 남겨 놓았다던 먹시감은 산새들과도 상생하려는 넓은 속내가 숨어 있다.

한여름 그 푸르렀던 느티나무와 거리의 은행나무들이 하루가 다르게 우수수 진다. 자기의 소임을 다하고 가건만 아무런 변명도 없이 저 낙엽은 어디로 날려 가는 걸까! 봄에 연록색으로 피어나던 나뭇잎은 아름다운 경관을 이루고 한여름 시원한 쉼터를 선물해 주었다. 이들이 자연에 순응하는 우리의 스승이요 반면교사가 아니던가. 겨우내 찬바람도 거부하지 않으며, 다음 세대를 위하여 밑거름이 될 채비를 하는 것이다.

우리는 살면서 수많은 소리를 듣는다. 잠시 멈추고 자연의 소리를 들어보자. 새소리, 바람 소리, 낮은 곳을 찾아가는 물소리, 풀벌레 소리도 있다. 나무가 숨 쉬는 소리, 새싹이 자라는 세미한 음성도 있을 것이다. 가난에 허덕이는 이웃들의 신음소리도 자연 속에 숨겨진 하나님의 섭리도 발견해야 한다. 사회를 이끌어가는 지도자들은 남모르게 흐르는 백성들의 울음소리도 들어야 한다.

아름답게 찾아온 가을이 홀연히 떠나려 한다. 윤동주 시인은 〈내 인생에 가을이 오면〉이란 시에서 사람들을 사랑했는지, 열심히 살았는지, 최선을 다했는지, 또 상처 주는 일은 없었는지, 어떤 열매를 맺었는지 묻고 있다. 잎새에 이는 바람에도 괴로워했다던 시인은 가을의 길목에서 우리의 마음을 후비며 요동치게 한다.

코스모스 곱게 핀 가을 언저리에서 길을 멈추고 자신을 돌아보아야 할 시간이다.

고양이 천국

지난겨울 앞마당에서 야윈 고양이 한 마리가 어슬렁거렸다. 엄동설한에 어디서 먹이를 구할 수 없었을 것이다. 보기만 해도 앙증스런 동물이지만 까칠한 모습이 너무 안쓰러웠다. 아침에 먹다 남은 생선 뼈를 가져다 주니 금방 먹어버린다. 이 일을 계속하다 보니 그들에게 소문이 났는지 식솔이 하나둘씩 늘어 다섯 마리까지 불어났다.

겨울이 오면 야생동물은 추위와 싸우고 먹거리와 싸워야 한다. 동면하는 곰, 너구리, 박쥐, 뱀, 개구리 등은 그래도 참을 수 있어 다행이다. 어느 날 아내와 함께 여행할 일이 있어 이틀 후에 돌아오니 이상한 일이 벌어졌다. 쥐를 잡아먹고 반절쯤 피가 낭자한 채로 현관 계단에 놓여 있는 게 아닌가? 늘 주던 밥을 주지 않은 것에 대한 보복일까? 아니다. 그동안 돌보아 주어서 고맙다는 인사로 그렇게 한단다.

고양이는 주로 낮에 자고 밤에 활동하는 동물이다. 포유류 동물 중 이처럼 하루에 16~20시간씩 자는 동물도 없다. 잠으로 축적된 에너지를 사냥할 때는 비호같이 달려들어 먹잇감을 가로챈다. 혀에는 많은 돌기가 있어 스스로 청결기능을 한다. 혓바닥으로 털을 빗다 보면 털이 위나 식도에 들어가 때로 토하기도 하는 '헤어볼' 현상이 나타난다. 그러기에 집에서 기르는 고양이는 수시로 빗질을 해주어 헤어볼 증상을 줄여주어야 한다.

요즘 시골에는 어디나 고양이 천국이다. 빈집이 많으니 여기저기 새끼를 낳고 자손을 퍼뜨린다. 개처럼 매어 기르는 사람도 없어 마음대로 나가 짝짓기를 하니, 기하급수적으로 불어난 것이다. 생후 6개월 정도면 새끼를 낳을 수 있으니 번식 능력도 상상을 초월한다. 한 마리가 1년에 4회까지 새끼를 낳을 수 있으니 연 150여 마리 이상 번식이 가능하다는 계산이다. 흔히 도로에서 로드킬(road kill) 당한 사체 대부분은 고양이가 아닌가?

쥐를 잡아 소동을 벌였던 고양이가 얄밉기는 하지만 살기 위한 몸부림이라 생각하고 더 이상 미워하지 않기로 했다. 사료를 구입해서 아침마다 8시가 되면 일정한 길목에 밥을 주었고 그들은 약속이나 한 듯이 모여 주린 배를 채웠다. 앞 마당은 온통 녀석들의 운동장이 되어 버렸다. 낮엔 따사로운 햇살을 받으며 잔디밭에서 뒹굴기도 하고, 시원한 그늘에서 낮잠을 자기도 한다. 꼭 손주들이 노는 것처럼 평화스러워 보였다.

포근한 4월 어느 봄날, 서재 창문을 여니 뒷집 담밑에서 고양이들이 놀고 있었다. 어미는 벌렁 누워 젖을 물리고, 새끼들은 어미의 젖을 빨며 자유스럽게 놀고 있었다. 한 폭의 그림처럼 평화스런 장면이었다.

지난겨울 삐쩍 말라 나타났던 고양이가 통통하게 살이 오르더니 이처럼 새끼를 낳은 것이다. 그간 베풀었던 나의 정성이 결실을 맺은 것 같아 마음이 훈훈해졌다. 어미는 주위를 살피더니 인기척이 나자 제 집으로 들어가 버린다.

요즘 애완동물을 기르는 사람이 늘고 있다. 대부분 개나 고양이를 선호한다. 대학에서도 애완동물 전공학과가 생겨나고 애완동물 사육사, 간호사, 심리상담사, 장례지도사, 애견미용사 등 자격증까지 부여한단다. 심지어 죽으면 평소 같이 지내던 동물애호가들을 초청하여 장례를 치르고 납골당에 봉안한단다. 세상이 변해도 너무 변한 것 같다.

과거에는 몇 대代가 어울려 살았기 때문에 외로울 틈이 없었다. 서로를 보살폈고 정이 묻어났다. 산업화 이후 핵가족으로 환경이 바뀌면서 개인주의로 흐르게 되었고, 서로 외로워졌다. 애지중지 키우던 자녀들도 장성하면 독립해 나가고, 배우자 중 어느 한쪽이 먼저 가게 되면 자연히 대상만족代償滿足을 추구한다. 미국노인병학회에서도 애완동물을 키우면 우울증, 치매는 물론 두뇌활동에도 도움이 된다고 주장한다.

이제 기하급수적으로 늘어나는 고양이에 대한 대책이 필요한 시점이다. 제주도를 비롯 일부 민간단체에도 길고양이 중성화 시술(TNR사업)이 시행되고 있지만 개체수 조절에는 어림없는 일이다. 교통사고의 요인이 되어 위험수위를 넘어서고 있다. 어디 기발한 아이디어가 없는지 공모라도 해 보아야 할 것 같다.

(2019. 2. 1.)

을미년 새해를 맞으며

을미년 새해가 밝았다. 훅 지나버린 날의 아쉬움에 제야의 밤을 뒤척이게 했다. 올해는 어떻게 보내야 할까. 양의 해, 좋은 일이 생길 거라는 희망을 가지고 하루하루를 맞이해 보자. 상서로운 동물인 양은 자연에 잘 순응하며 주어진 환경에 적응한다. 우리도 서로 배려하며 희망을 가지고 긍정적으로 살아가다 보면 즐거운 일이 생기지 않을까? 겨우내 눈속에 짓눌려 있던 식물들이 당당하게 고개를 들고 힘껏 일어나리라.

지난해는 세월호 침몰사고로 304명의 아까운 생명을 앗아간 가슴 아픈 해가 아니던가. 초봄부터 많이 울어야 했고 갈갈이 찢겨진 아픔과 상처가 아물지 않고 있다. 올해는 제발 큰 재난이 없기를 바라며 지난해의 아픈 상처를 치유하는 상서로운 해가 되었으면 좋겠다. 못다 한 아쉬움을 뒤로한 채 설레는 세모를 맞아 바라는 소망을 몇 가지 적어본다.

■ **국가적으로는**

먼저 경제가 좀 활성화되었으면 하는 바람이다. 아무리 국민소득이 30,000불에 육박한다고 하지만 서민들이 느끼는 체감지수는 과거에 비하여 좋지 못하다. OECD 34회원국 중 행복지수는 26위에 머무르고 있다. 삶의 균형, 공동체생활 항목에서 최하위에 머무르고 있다고 한다. 대기업들이 골목상권까지 장악하며 자금의 흐름을 흡수하고 있으니 서민들의 삶은 말이 아니다. 재벌들의 문어발식 사업 확장을 막아야 할 정부가 오히려 그들의 사업확장에만 앞장서고 있으니 걱정이다.

그 다음은 남·북한 교류협력사업이다. 새해를 맞아 모처럼 남과 북이 대화의 기미를 보이고 있다. 북에선 김정은 국방위원장이 신년사에서 최고지도자회담도 못할 이유가 없다고 하며 유화제스처를 보내오고 있다. 우리 남측에서도 좋다는 회신을 하여 실무접촉을 시도하고 있는 중이다. 오랜만에 물꼬가 트일지 주목되기도 하지만 아직 큰 기대는 금물이다. 같은 민족끼리 총부리를 겨누고 70여 년을 살아왔으니 이를 어찌할꼬! 경제수준도 비교될 수 없을 정도로 격차가 벌어지고 있으니 우위에 있는 우리가 먼저 배려하고 물질적 지원을 각오해야 할 것이다. 조속한 관계개선이 필요한 시점이다.

■ **개인적으로는**

먼저 긍정적인 시각으로 남의 장점을 보며 칭찬하는 습관을 갖자. 칭찬은 마음을 여는 명약이라 하지 않던가! 가족부터 서로 다름을 인정하고 가정에서부터 양보하며 배려하는 마음을 갖을 일이다. “자기 마음을 다스리는 자는 성을 빼앗는 자보다 낫다.”고 했다. 평생 길들여진 습관이 한순간에 고치는 것이 쉬울까마는 조금씩 노력해 보자.

둘째, 봉사하며 살 일이다. 내가 머물고 있는 마을, 교회, 사회 어디에서든지 꼭 필요한 사람이 되어 궂은일에 먼저 봉사할 일이다. 작은 일부터 시도하고 너무 원대한 꿈이 아니길 바란다.

셋째, 수필쓰기이다. 글을 쓴다는 것은 자신을 돌아보는 기회가 된다. 늦었지만 수필을 친구로 만났으니 더없이 기쁜 일이다. 늘 자신에게 하는 질문은 ‘너는 지금 잘 살고 있는가! 이렇게 살아도 되는가.’였다. 반복되는 삶이 때로는 답답하고 회의에 빠지기도 하지만 기도하는 마음으로 답을 구할 것이다. 더욱이 수필과 친해지려 한다. 간간이 일기랍시고 시늉을 내보았지만 반반한 글 한 편 남기지 못했다. 부족하지만 주변에 숨겨진 외로움, 그리움, 그리고 가슴 뭉클한 이야기를 찾아 글로 엮어볼 일이다.

‘선시자실번善始者實繁이나 극종자개과克終者蓋寡’라 했다. 오늘에 최선을 다하며 작심삼일이 되지 않도록 노력하자. 내 나이 육갑을 넘긴 지도 5년이나 지났으니 노년의 길목에 들어섰으니 연륜은 무시할 수 없다. 올해엔 진정한 나를 발견하고 감동적인 글을 쓸 수 있다면 더없는 기쁨이 아닐까?

(2015. 1. 1.)

제비

지난해 심은 라일락꽃 향기가 온 집안에 가득하다. 살랑거리는 바람도 포근하여 따사로운 봄기운을 발산한다. 추운 겨울을 견디면서 얼마나 기다렸던가. 창밖에 참새들이 나뭇가지를 옮겨 다니며 도란도란 재잘거리는 모습이 평화스럽기만 하다. 젊은 시절 짝사랑하던 여인의 편지가 기다려지듯, 봄소식의 전령사 제비가 그리워지는 계절이다.

제비만큼 정감 어린 새가 있을까? 사람 사는 곳만을 찾아다니며 집을 짓고 둥지를 틀었다. 상하 귀천을 가리지 않는 이들은 비와 바람이 타지 않는 아늑한 곳을 찾아 자리를 잡았다. 봄이면 약속이나 한 듯 어김없이 날아와 빨랫줄에서 인사를 나눈 뒤 지난해 살던 처마를 찾아들었던 다정한 이웃이었다

제비는 두 종류가 있다. 절벽이나 다리 밑에 집을 짓는 굴뚝제비와 가정집 처마에 집을 짓는 참(집)제비가 있다. 이 녀석들은 보통 3~5개의 알을 낳고 새끼를 까서 기르며 가을 찬바람이 일면 홀연히 떠나곤

했다. 그들의 가장 좋아하는 먹잇감은 잠자리, 어미가 획 낚아챈 먹이를 물고 오면 새끼들은 새노란 주둥이를 쳐들고 '저요! 저요!' 아우성치던 모습은 한 폭의 그림이다. 사람도 제 아이를 버리고 떠나는 비정의 부모들이 많은데 새끼를 위하여 먹이를 물어 나르는 녀석들을 보노라면 마음이 숙연해졌다.

우리가 자주 부르는 노래 〈제비〉가 있다. 멕시코 민요로 가수 조영남이 불러 한동안 히트를 했던 곡이다. 나이 든 사람들이면 누구나 즐겨 부르던 애창곡이다.

요즘은 제비가 보이지 않는다. 모두들 어디로 갔을까? 비단 제비뿐이 아니다. 종달새도 곤충들도 하나둘 사라지고 있으니 뭐가 잘못되었을까. 옛날 한옥은 비바람을 피하여 제비나 참새들이 깃들 수 있는 아늑한 공간이었다. 내 집처럼 부담 없이 찾아들었고, 사람들과 함께 살았다. 이제 도시나 농촌을 막론하고 시멘트나 벽돌로 변하여 현관문을 닫아 버리니 제비들이 어떻게 들어갈 수 있을까. 어디에 집을 지을 수도 없다. 더구나 들판에는 대량으로 농약을 살포해대니 연약한 곤충들이 살아가기에 힘겨울 수밖에 없다. 이처럼 환경과 구조가 바뀌고 있으니 제비들에게는 먹잇감도 자취를 감추어버린 것이다.

우리 집도 과거엔 제비가 찾아와 집을 짓고 살았다. 그런데 5년 전 집수리를 하느라 제비집을 훼손할 수밖에 없었다. 오랫동안 기거했던 녀석들의 집을 뜯어내자니 마음이 아렸지만 어쩔 수 없는 일이었다. 다음해 봄 분명 제비들이 찾아왔을 터인데 얼마나 놀라고 배신감을 느겼을까? 또 다른 집을 찾아 이곳저곳 헤맸을 제비를 생각하니 미안하고 안쓰러운 생각이 들었다.

제비는 음력 삼월삼짇날이 되면 으레 찾아들었다. 흥부에게 박씨를 선물했다는 정겨운 새가 아니던가? 공중을 훨훨 날아다니며 새끼들의 먹이를 물고 오는 모습은 시골의 정취를 느끼기에 충분했다. 1990년대 이후부터 이들의 행방이 점점 줄어들어 어느새 20여 년째 뜸해지고 있다. 서울은 이미 2000년에 제비를 보호종으로 지정한 바 있으며 UN미래포럼 제롬 글렌(Jerome Glenn) 회장은 한국이 제비를 천연기념물로 지정될 날도 멀지 않았다고 경고하고 있다.

산업화로 자연이 훼손되고 먹이사슬이 없어지다 보니 연약한 생물들은 배겨날 수가 없을 것이다. 이제는 제비들이 다시 돌아올 수 있도록 여유 공간이 있는 전통한옥을 많이 짓고, 농사도 유기농법으로 개선하여 이 녀석들의 집 지을 곳, 먹거리 걱정이 사라졌으면 좋겠다. 우리 집에도 제비가 다시 찾아올 수 있도록 환경을 개선해 볼 요량이다. 제비가 보고 싶다. 전깃줄과 빨랫줄에 앉아서 지지배배 노래를 부르던 그 제비가 그립다.

(2016. 4. 20.)

제5부

뒤돌아보니 수많은 만남의 연속이었다. 봄철 땅에 씨앗을 뿌리면 어김없이 싹이 돋듯이 아버지는 평생 농사만 지으며 한시도 쉴 줄 모르는 순박한 농사꾼이었다. 만고개 언덕배기 리어카를 끌며 흘리신 아버지의 땀방울은 나를 감히 곁길로 가지 못하게 했다.

성형 유감

사람은 누구나 아름답게 살아가기를 갈망한다. 봄에 밝은 색깔의 옷으로만 갈아 입어도 기분이 좋은데, 얼굴과 몸매를 가꾸는 일이야 오죽할까? 평생 자기의 모습을 잘 가꾸는 일은 숨길 수 없는 우리 욕망이요 자연스런 현상이다.

성형은 21C 의학의 꽃이라 한다. 과거에는 병원에서 수술이나 하고 입원환자가 몰려야 돈을 벌었다면, 이제는 크게 힘들이지 않고도 고소득을 올릴 수 있는 성형외과 분야가 그 인기를 독차지하고 있다.

애당초 성형은 단순히 미모를 가꾸기 위함이 아니었다. 선천성 매독에 걸려 일그러진 코를 정상으로 재건하기 위함이었고, 눈 성형은 안검하수(眼瞼下垂: 눈꺼풀이 처지는 현상)의 교정수술에서 시작하여, 절개법, 매몰법, 눈매교정, 쌍꺼풀 등으로 발전했다.

성형수술은 그 범위가 매우 넓어졌다. 남녀를 불문하고 눈 코 턱 입술 등 얼굴에서부터 몸과 가슴 복부에 이르기까지 전면으로 확대되었다. 나이 든 사람에게 쌍꺼풀수술이나 눈밑 지방제거수술은 흔히 하는 일이다.

성형은 1950년대 들어 미용수술이라는 개념으로 도입되었다. 요즘 학교 방학 때가 되면 예비대학생들이나 취업준비생들이 성형외과에 몰리고 있단다. 간단한 시술을 통해 호감형으로 얼굴을 바꾸어주겠다는데 경제적으로 여유가 있는 사람이라면 거부할 이유가 없을 것이다. 노무현 대통령도 재임 중에 쌍꺼풀 수술을 하고 국무회의를 주재하여 깜짝 놀라게 한 일이 있었다.

얼마 전 아내가 눈썹 문신을 했다. 나이가 들면 눈썹이 빠지고 하얗게 변해가는 것을 문신으로 변화를 준 것이다. 늘 화장대 앞에 앉으면 눈썹을 그리느라 많은 시간을 소비하더니 약간 포인트를 주니 그럴 필요가 없게 된 것이다. 보기에도 괜찮아 보였다. 엊그제 아침에 나가려는데 아내가 오늘은 일찍 들어오라고 했다. 눈썹 문신을 해야 한다는 것이다. “글쎄!” 하며 나왔지만 그리 싫지는 않았다. 몇 년 전 쌍꺼풀 수술을 해서 불편이 해소된 적이 있다. 요즘 나도 눈썹까지 하얗게 서리가 내리고 주름살이 늘어 탄력이 떨어졌다.

저녁때쯤 일찍 집에 돌아오니 전문가 선생님이 와 있었다. ‘그래, 권한 장사 밑지지 않는다는데 맡겨버리자.’ 30분쯤 지나니 끝났다고 한다. ‘아니 벌써? 싱겁기도 하지.’ 혼자 구시렁거렸지만 결국 잠깐 사이에 눈썹 문신이 끝난 것이다. 딱정이가 떨어질 때까지는 이상하게 보일지 염려되었지만 뭐가 걱정이랴. 이 나이에 직장에 나갈 일도 없고, 간섭할 사람도 없으니 말이다.

나는 무척 보수적인 사람이었다. 몸에 문신을 하고 얼굴을 조금이라도 뜯어고친 사람을 보면 '생긴대로 살지, 미친놈.' 욕이 먼저 튀어 나왔다. 이제 조금 생각을 바꾸니 구태여 그럴 일도 아니었다. 좋은 모습으로 자신있게 살아간다는 데 긍정적인 면도 있지 않던가.

성형을 한 사람 중에 '이 사람 많이 변했다.' 하는 경우도 있다. 성형을 하여 뼈를 건드렸음이 분명하다. 이건 생명을 담보로 하기 때문에 위험한 일이다. 어떤 사람은 얼굴이 벌겋게 되고 수술중독증에 걸린 사람도 있다. 과도한 수술로 낯선 사람이 되어 버렸으니 오죽하면 '저 여자 아이 낳아 보아야 본모습을 알 수 있을 거야.' 욕을 먹기도 한다. 서울의 지하철 신사역에서 내리면 성형 전후를 비교해 놓은 광고판이 즐비하다. 성형 후에는 누가 누군지 모를 정도로 변해버린 사진을 걸어놓고 대중을 유혹하고 있다.

《효경孝經》에 "몸과 머리는 부모에게 받은 것이니身體髮膚 受之父母 감히 훼손하지 않는 게 효도의 시작이라不敢毁傷 孝之始也." 했지만 얼굴에 화장을 하듯 좋은 이미지로 살아가려는 욕망을 숨길 수 없을 것이다. 다만 부모에게서 물려받은 유전자를 크게 손상하지 않고 더 나은 모습으로 가꾸어 갈 수 있다면 나쁜 일은 아니지 않은가?

(2018. 3. 21.)

반환점을 돌며

군산개항 120주년에 즈음하여 세계 내로라하는 건각들이 장엄한 레이스를 펼치는 날이다. 새만금사업이 조금씩 진전을 보이면서 그 배후도시로 뜨고 있는 곳, 행사를 하는 월명체육관은 벚꽃이 만개하여 탐스런 봉오리를 보면 탄성이 절로 나온다.

이제 고희古稀를 맞으며 나의 의지를 시험해보고 싶었다. 과거 십여 차례 경험은 있지만 그동안 묵혀버렸으니 10km 정도로 가볍게 시작해야 한다. 나이는 숫자에 불과하다지만 그래도 긴장되는 순간이다. 아침 8시에 레이스를 시작하니 1시간 전에 현장에 도착했다. 아침 식사는 부담스럽지 않게 세 시간 전 찰밥 한 덩이로 해결했다. 운동장에는 이미 가족 친지들로 구름처럼 몰려들었으며 어떤 이는 트랙을 돌고, 또 준비운동을 하는 사람들도 있다. 시간이 임박해지니 슬슬 선수들이 몰려들어 스타트라인에서 출발신호를 기다리고 있다.

군산새만금국제마라톤대회, 다섯 넷 셋 둘 하나 우렁찬 함성과 함께 출발신호가 터진다. 수많은 건각들이 스타트라인을 밟으며 장엄한 경주가 시작된 것이다. 자기와의 싸움에서 꼭 이기고야 말겠다는 비장한 각오가 서려 있다. 나도 아침마다 갈고 닦은 기량을 발휘하여야 한다. 촌각을 다투는 선수들이야 처음부터 탐색전을 벌이며 긴장할 수밖에 없는 일이다. 정상을 가는 길은 항상 고난이 따르기 마련이다. 자기와의 싸움에서 이기고 그 고난을 극복했는가에 따라 결과는 디르게 나타날 뿐이다. 완주가 목표인 나는 욕심을 내지 않기로 했다. 과유불급過猶不及이라 했거늘 옆 사람의 속도를 의식하지 말자고 다짐하고 또 다짐한다.

비가 올듯 흐릿한 날씨지만 마라톤경주에는 더없이 좋은 날씨이다. 비구름이 주자들의 흐르는 땀방울을 식혀주며 지치지 않게 해 줄 것이다. 벚꽃은 만개하여 선수들을 기쁘게 반기고 있다. "파이팅, 힘내세요." 연도에 시민들의 한마디가 용기를 준다. 간간이 자원봉사자들이 음료수를 나누어주며 파이팅을 외친다.

시인 정호승은 "사람의 일생은 어쩌면 무거운 짐을 지고 먼 사막의 길을 가는 낙타와 같다." 고 했다. 등에 무거운 짐을 짊어지지 않고 살아가는 사람은 아무도 없다. 무거워 벗어 놓고 싶어도 벗어 놓을 수 없는 짐이다.

마라톤은 흔히 우리의 인생길에 비유하기도 한다. 숨이 헐떡이고 목이 마르며 수없이 갈등을 느끼곤 한다. 삶의 길이 그렇듯 힘들고 지칠 때면 '이처럼 힘든 일을 왜 시작했지!' 하며 포기하고 싶어진다.

자신에게 완주를 약속했으니 끝까지 쉬지 않고 달릴 것이다. 주자들에게 코스는 생각보다 멀리 느껴지기 마련, 30여 분을 달리다 보니 반환점에 이르렀다. 그 모퉁이를 돌면서 '후유….' 거친 호흡으로 안도의 숨을 내쉰다. 꽃이 필 때가 있으면 질 때가 있고, 산을 오를 때가 있으면 내려올 때가 있는 법, 반환점을 애타게 기다린다. 반환점을 지나니 발걸음은 가벼워지고 속도는 빨라진다. 여유가 생기니 주위 건물이 보이고 도로변의 벚꽃이 탐스럽다. 지난 몇 년간 현대중공업, 한국GM등 대기업이 철수하면서 군산의 경제는 휘청거리고 홍역을 치러야 했던 흔적을 보는 것 같아 가슴이 아렸다.

운동장에 들어서니 기다리던 아내가 기다린다. 나는 V자를 그리며 자랑스럽게 포즈를 취한다. 늘 그렇듯 나의 그림자가 되어 주었던 아내는 오늘도 새벽부터 일어나 동행해 주었다. 발목은 무겁고 숨은 차지만 '내가 해냈구나.' 하는 안도감에 피니쉬라인을 밟는 순간 행복에 젖는다. 비록 십여 년 전의 기록에는 못 미치지만 공식기록 1시간 10분으로 만족하려 한다. 고희를 맞으며 자신과의 약속을 지킨 것에 스스로 감동했다.

반환점을 돌며 삶의 뒤안길을 더듬어 보니 아슬아슬한 게 우리의 삶이었다. 어지러운 세상에서 살아남았다는 사실만으로도 축복이려니 싶다. 아들이 아들을 낳고 나는 이미 할아버지가 된 지 오래다. 엊그제 같던 젊음이 고희에 이르러 멀리 이방인처럼 느껴진다. 내 인생의 반환점은 어디였을까. 지천명, 이순…. 아니 누구도 알 수 없는 여정이기에 비밀에 덮어두기로 하자. 우리 주님만이 아실 일이지만 내리막길임은 분명하리라.

은퇴 이후 우연히 수필을 배우고 있다. 녹슬어 있는 마음의 창고에서 아까운 보석을 찾아내고 영롱한 아침이슬을 꿰는 작업은 나의 몫이다. 여지껏 의무를 위한 어쩔 수 없는 삶이었다면 이제는 하고 싶은 일을 할 수 있으니 나의 즐거움이요 보람이다. 이스라엘 백성들에게 아침 만나가 내리듯 반환점을 돌아오니 행복이 나에게 다가온다.

(2019. 4. 15.)

그럴 때 있으시죠

서울 다녀오는 길에 책 한 권을 샀다. 실내가 자유스럽기도 하지만 추억이 서린 보통열차에서 창밖을 보며 책을 읽고 싶었다. 《그럴 때 있으시죠》, 방송인 김제동 씨가 쓴 책이다. 얼굴 한 번 본 적도, 인사 한 번 나눈 일도 없지만 JTBC 〈톡투유〉 프로를 보면서 참 인간적인 사람이란 생각을 했다.

경북 영천 시골 출신으로서 5녀 1남 중 막내인 김제동, 태어난 지 백일 만에 아버지가 돌아가셨다니 홀어머니 밑에서 어렵게 성장했을 것이다. 얼굴도 기억나지 않을 아버지가 그리워서일까. 아버지가 되는 것이 꿈이란다. 43세 노총각 주제에 아버지라니…. 자기로 인해 누님들의 갈 길을 막았으니, 고등학교도 다니지 못하고 대구의 공장으로 떠났던 누님들에게 늘 미안했단다.

내성적이어서 누구에게도 말 한마디 못하고 노래 한 곡 하라면 "동그라미 그리려다" 늘 우울한 노래만 불러 판을 깬 적이 한두 번이 아니었다던 그 젊은이가 어디서 그런 담력이 나왔을까, 대중 앞에 서면 울고 웃기며 분위기를 반전시키는 저력이 있다. 어려서부터 책을 좋아했고, 대중이 모이면 사회는 맡아 놓고 했다니 타고난 재주가 있어서일까. 그처럼 어려운 가정에서 스스로 피나는 노력이 아니었다면 어림없는 일이었을 것이다.

일을 마치고 집에 갔는데 너무 힘들어 옷을 입은 채 화장실 샤워를 틀어놓고 펑펑 울었다니, 고故 노무현 대통령 영결식에 사회를 본 것이 계기가 되어 약자의 편에 섰다는 이유만으로 블랙리스트에 오르고 좌파란 낙인이 찍혀 방송활동이 중단되었단다. '아, 그랬구나!' 요즘에야 고개를 끄덕이지만 어디 그럴 수가 있을까. 아들의 길이 막힐까봐 울면서 만류하는 어머니의 청을 뿌리치기가 어려웠다고 실토한다. 그래도 아닌 것은 아니라고 말할 수 있는 젊은이, 이런 사람이 많아질 때 건강한 사회가 되지 않을까?

어느 골목을 지나다가 주저앉아 울고 있는 여학생이 있기에 사연을 들어보니 그럴만도 하여 함께 펑펑 울어주었다던 그 순수한 마음은 아무나 할 수 있는 일이 아니다. 누군가 고민하고 있을 때 '지금 괜찮니?' 하며 '나 같아도 그런 마음이 들겠다.' 동조해 주는 사람이었다. 모든 사람을 약자의 입장에서 생각하고 이해하려는 아름다운 심성의 젊은이였다. 그쯤 되니 토론하고 싶은 방송인 중 1위라 하지 않던가?

내가 중학교를 졸업하고 인쇄기술을 배우고 있을 때였다. 제때 진학을 못했으니 앞길이 막막했다. 교모를 눌러쓰고 거리를 활보하는 친구들을 보면 시기심이 일고 그렇게 부러울 수가 없었다. 형편도 그렇지만 누구 하나 붙들고 하소연할 사람도 없었으니 답답한 노릇이었다. 무식하면 용감하듯이 중학교 때 Y 선생님이 생각나 용기를 내어 찾아 사정을 말씀드리고 진로를 상담했다.

"학교 다니고 싶어?" 물으시던 선생님은 메모지에 준비물을 적어 주셨다. 당장 학비도 없어 겨우 등록을 하고 다니게 되었지만 자신이 그렇게 자랑스러울 수가 없었다. 5월 중순이었으니 교과도 상당히 진행되고 있는 때였다.

갑자기 세상이 밝아지고 날아갈 듯한 기쁨을 감추지 못했다. 불확실한 내일을 고민하며 방황할 때 문을 두드리니 열린 것이다. "여자가 무슨 공부여." 웃어른들의 성화에 남동생들의 뒷바라지만 해야 했던 우리 누님 생각에 눈시울이 뜨거워졌다.

살다 보면 답답하고 풀리지 않은 일이 얼마나 많던가? 잠 못 이루는 밤이면 속내를 털어놓으며 하소연을 하고 싶어도 아무에게나 그럴 수도 없는 일이었다. 그럼에도 희망의 끈을 놓지 않고 길을 찾아보니 '그럴 때 있으시죠?' 하며 따뜻하게 마음을 안아주는 사람이 있었다. 이렇듯 사회가 따뜻하게 유지되고 잘 돌아가는 것은 그런 분들이 많다는 증거가 아닐까.

우연히 집어든 책 한 권으로 자신을 돌아보게 되며 참 괜찮은 친구를 만난 기분이다. 노인은 노인대로 외롭고, 청년은 청년대로 유명대학을 나와도 일자리가 없어 방황하는 현실이 안타깝다. 부디 용기를 잃지 말고 자기가 좋아하는 일을 찾아 끝까지 준비하는 자에게는 기회가 온다는 사실을 잊지 말자.

'그럴 때 있으시죠?' 참 인간적인 젊은 친구의 글을 읽으며 갑자기 마음이 포근해졌다.

(2017. 7. 25.)

만남

산다는 것은 만남의 연속이다. 태어나면서부터 부모를 만나고, 친구와 스승을 만나며 산다. 장성하면서 배우자를 만나고, 직장에 들어가 동료와 수많은 사람을 만나지 않던가. 좋은 책을 대하기도 하고, 신앙 안에서 깊은 사유의 길에 들어서기도 한다. 이렇듯 만남은 행복과 성공의 길로 인도하기도 하고, 깊은 수렁에서 헤어나기 힘들게도 한다.

어떤 만남은 우리가 선택할 수 있지만, 부모형제들처럼 선택의 여지가 없는 경우도 있다. 그러기에 부모와의 만남은 천륜天倫이라 하지 않던가. 어느 날 태어나 보니 부유한 집의 귀염둥이로 있었고, 또 누구는 가난에 쪼들리는 집안에서 패륜을 일삼는 부모와 같이 살아야 하는 사람도 있다. 금수저와 흙수저의 갈림길은 누구도 스스로 선택할 수 없는 일이요, 거부할 수도, 피할 수도 없는 것이 우리의 삶이다.

프랑스 철학자 사르트르(1905-1980)는

"인생을 B(birth)로 시작해서 D(dead)로 끝난다. 그 사이에 C(choice)가 있을 뿐이니, 선택은 오로지 자기의 몫이다."라고 했다.

태어남이야 어찌할 수 없는 일이지만, 평생 수많은 선택을 통해 달라질 수 있다는 것이다. 선택은 자기의 의지에 따라 만남으로 이루어진다. 잘못된 만남은 방향등 없이 질주하는 자동차처럼 항상 불안하고 자기일생을 나락으로 빠지게도 한다. 만남이 헬리콥터처럼 감시나 하고 주변만 살피는 만남이어서는 안 된다. 오직 방향을 가르쳐 주고 그 길을 안내하는 등대처럼 따뜻한 친구 이웃을 만날 수 있었다면 더없이 행복한 사람이다.

나는 고등학교시절 P라는 단짝친구가 있었다. 순창 행가리에서 목욕을 하다 깊은 물살에 떠내려가던 나를 구해주기도 했다. 중고등학교를 다니는 동안 공부할 수 있는 변변한 방도 없었으니 저녁이면 학교로 달려갔다. 비가 오나 눈이 오나 야간학교를 다니는 심정으로 학교를 향했다. 잠이 오면 칠판을 이용하기도 했고, 차가운 물로 발을 씻으며 졸음을 이겨야 했다. 시험이 있을 때면 약국에서 불면제를 사먹기도 했다.

잊지 못할 스승과의 만남은 행운이었다. 배움의 기회를 놓쳐 갈등하고 있을 때 고등학교 진학의 문을 활짝 열어주신 양운섭 선생님은 교복을 입을 수 있도록 길잡이가 되어주셨다. 따사로운 햇살이 비추는 날이면 교실 창가의 코스모스를 보며 수업을 하던 때가 아른거린다. 고등학교를 졸업한 후에도 선생님을 찾아 수시로 상담할 수 있었고, 부모와 같은 심정으로 '교사가 되면 어떨까?' 또 '공무원이 되면 어떨까?'

하며 다정하게 얘기해 주셨으니 나의 유일한 스승이었고 부모와 다를 바 없었다. 이미 고인이 되어 버린 분이기에 보답도 못해 드리고 지금은 무거운 짐으로 남아있다.

뒤돌아보니 수많은 만남의 연속이었다. 봄철 땅에 씨앗을 뿌리면 어김없이 싹이 돋듯이 아버지는 평생 농사만 지으며 한시도 쉴 줄 모르는 순박한 농사꾼이었다. 만고개 언덕배기 리어카를 끌며 흘리신 아버지의 땀방울은 나를 감히 곁길로 가지 못하게 했다.

과연 잘한 선택은 무엇이었을까? 바른길로 인도하고 나를 변화시킨 때는 언제였을까. 아마 양운섭 선생님의 만남이었고 하나님은 나를 도우시리라는 신앙심이었을 것이다. 눈으로 볼 수도, 손으로 만질 수도 없는 믿음이지만, 나의 든든한 후원자가 되어 힘들 때도 마음속에 잔잔한 행복과 평화를 가져다 주었다. 지금까지 든든한 버팀목이 되어주신 하나님께 감사를 드린다.

그럼에도 나는 어떤 대상이었을까. 누군가 나로 인해 행복했다면…. 하는 바람뿐이지만 이렇다 할 자신이 없다. 남은 삶이나마 느낌이 좋은 사람, 가슴 설레며 '이 사람이다.' 인정받을 수 있는 그런 사람으로 남고 싶다.

(2017. 2. 1.)

좋은 관계

사람은 누구나 행복하게 살기를 원한다. 잘살아보기 위하여 열심히 공부도 하고 밤낮없이 일도 하며 열심히 살아간다. 의식이 비슷한 친구들을 만나 속마음을 터놓기도 하고 나를 아껴주는 은사님을 멘토로 삼아 상담하기도 하지만 자기가 원하는 답을 찾기란 쉽지 않은 일이다.

하버드대 연구팀은 75년간 행복에 관한 연구결과를 발표했다. 700여 명의 삶을 계속적으로 추적하고 분석한 결과 '사람을 진정으로 행복하게 하는 것은 부와 명예가 아니라 좋은 관계'라는 결론을 얻었다. 사회적으로 인간관계가 좋은 사람은 대부분 장수하였고, 그렇지 않은 사람은 고독하여 단명할 수밖에 없었다. 친구의 수가 중요한 게 아니라 단 한 명이라도 마음을 털어놓을 수 있는 관계의 질이 중요했다. 좋은 관계는 뇌를 보호하고 정신적으로 안정감을 준다는 분석이었다.

우리는 태어나면서부터 그물망처럼 수많은 관계를 이루며 살지 않았던가. 부모형제처럼 당연히 주어지는 관계도 있지만, 점점 성장해가면서 친구, 부부, 스승 그리고 종교적 신념에 따라 맺어지는 성도와의 관계도 있다. 부모관계야 어쩔 수 없다 하더라도 살면서 맺어지는 관계에 따라 기쁨도 주고 그 반대로 수많은 애환이 서리기 마련이다. 친구는 잘못 사귀면 평생 헤어나지 못해 수렁에 빠지기도 한다. 친구따라 강남 간다는 말처럼 친구를 통해 많은 영향을 받는다.

행복은 '생활에서 기쁨과 만족감을 느껴 흐뭇한 상태'라 한다. 기쁨, 만족, 즐거움, 재미, 웃음, 보람 등 비슷한 용어가 많지만 돈으로 살 수도, 거래할 수도 없는 일이다. 스스로 느끼며 창조해 나가야 한다. 2012년 최빈국의 나라 부탄의 행복지수는 세계 1위였다. 온갖 인권이 유린되고 문맹율이 50%가 넘는데도 그런 결과가 나왔다는 것은 부와 명예가 행복이 아님이 증명된 것이다. 행복의 기준을 무엇으로 측정하였는지는 알 수 없지만 경제적 · 문화적 기준에 따라 좌우되는 것은 아닐 것이다. 서로를 비교하지 않으며 오늘의 삶을 숙명으로 받아들이는 단순한 민족이 아니었을까.

우리는 이미 단순한 민족이 아니다. 정보화 사회를 지나오면서 남들이 어떻게 살고 있는지 바라보게 되었고 서로를 비교하고 경쟁하며 여기까지 오지 않았던가? 매슬로는 인간의 욕구를 5단계로 분류하고 있지만 하위욕구를 아무리 충족한다 하더라도 자아실현을 위하여 좇아가는 인간의 욕구에는 끝이 없다, 사회에서 부와 명예를 누리고 모든 것을 다 가진 것처럼 보인 사람도 오히려 고독하고 우울증에 시달리며 자살도 서슴지 않는다. 더욱이 끈끈한 가족관계가 해체되고 전통사회가 무너지는 오늘의 상황에서는 더욱 그럴 것이다. 일상생활 속에서 만족을 느끼지 못하면 이처럼 사회는 병들게 된다.

방송인 김제동은 2009년 노무현 대통령 장례식에서 사회를 맡았다. 당시 국가정보원에서는 이를 못 하도록 갖은 압력을 가하고 결국 블랙리스트에 올려 방송출연을 정지시키고 말았다. 살아있는 권력이 두려워 밤마다 화장실에서 샤워기를 틀어놓고 남몰래 울었다고 한다. 남이 슬플 때 슬퍼해 주고 눈물 흘릴 때 같이 울어주는 것이 인간의 도리라고 생각해서 그 일을 포기할 수 없었다니, 사회를 보듬어 줄 수 있는 용기있고 따뜻한 사람이라는 생각이 든다.

살면서 힘들지 않은 사람이 있으랴. 예수님께서도 십자가에 못 박히시기 전날 밤 제자들에게 '내 마음이 죽게 되었으니 나와 함께 깨어있으라.' 하며 도움을 요청했다. 약한 모습을 보여주며 도움을 구할 때 관계가 깊어지며 뜨거운 정이 생기는 것이다. 내가 약점을 보이면 누군가 비난하며 떠날 것 같은 느낌, 괜히 말하였다가 나만 못난 사람이 될 것 같아 속마음을 털어놓지 못하고 혼자서 울 때가 있다. 하나님의 능력을 가지고 태어나신 예수님도 그러는데 우리 같은 범인이야 어쩌겠는가?

신흠 선생은 〈야언野言〉이란 글에서

'문 닫아 걸고 마음에 맞는 책 뒤적이기/ 문 열어 마음에 맞는 벗 맞이하기/ 문을 나서 마음에 맞는 경치 찾아가기' 이것이 인생의 세 가지 즐거움이라 했다.

누구에게도 털어놓지 못할 답답함이 밀려올 때, 마음에 맞는 벗을 찾아 찻잔을 기울이며 마음을 시원히 털어놓을 수 있는 아름다운 관계가 이어진다면 참다운 즐거움이 아닐까.

(2019. 2. 20.)

쉼표 인생

우리는 바쁘게 사는 민족으로 유명하다. 어찌 그리 살아야 할까. 관광지나 외국을 나가도 깃발을 들고 다니는 빨리빨리 행렬은 오직 한국의 관광객들이 아닐까. 언젠가 TV를 보니 우리의 빨리빨리 문화는 근대화과정에서 시작되었다고 한다. 그 예로 1960년대 경부고속도로를 건설할 당시 과정보다 결과를 우선하다 보니 그런 문화가 형성되었다는 것이다. 정말 그럴까? 어느 민족이고 그 문화가 정착되기는 단기간에 이루어지지 않았을 테니 말이다.

4천여 년의 역사를 이어 오는 동안 우리는 약소민족으로 살아왔다. 무려 천 번 가까이 중국 · 일본 등으로부터 침략을 당해야 했고, 우리 민족끼리도 전쟁을 일삼아왔으니 그러한 정서는 계속 이어졌을 것이다. 외침이 있을 때마다 피난을 다니며 목숨을 부지해야 했고 느긋한 삶은 생각할 수도 없었다. 수시로 봇짐을 싸야 했고 먹고 살기가 힘들다 보니 가만히 있으면 불안하기 짝이 없는 노릇이었다.

김대중 정부시절 서울 고려대 인근 중국음식점 철가방 배달부 이야기는 너무도 잘 알려져 있다. 자장면 주문을 하면 정장차림에 넥타이를 매고 신속히 배달해주며, 소주나 얼큰한 국물까지 여유 있게 가져가기도 했으니 좋아할 수밖에, 광주에서 고등학교 2학년 중퇴에 불과한 조태훈(69년생) 씨는 고객만족으로 입소문이 나더니 '신지식인'으로 선정되기에 이르렀고, 시간당 2백만 원을 받는 스타강사가 되었다. 한시가 바쁜 상황에서 고객위주로 요구를 충족시켜 주다 보니 인기도 누리고 돈도 벌었던 것이다.

내가 공무원을 시작하던 1970년대, 퇴비증산이나 모내기가 이루어지면 그 실적을 수시로 보고해야 했다. 담당구역을 돌며 아무리 정확히 보고한들 다른 사람들에 비하여 5~10%씩 뒤졌다. 윗분들은 진도가 느리다고 추궁하기도 했다. 특별한 재주가 있다거나 앞설 이유가 없는데도 왜 그리 되었을까. 나중에 안 사실이지만 그들은 1주일 후의 예상실적까지 미리 보고하다 보니 항상 앞서나갔던 것이다. 비록 확인을 해도 1주일 후의 일이니 거리낄 것이 없다는 논리였다.

보고를 하고 결과를 위주로 하던 시절 남보다 앞서야 살아남을 수 있는 어쩔 수 없는 반칙이었다. 대형공사도 또 정치적 요구에 따라 진행하다 보니 성수대교가 무너지고 삼풍백화점과 같은 대형건물이 붕괴되기도 했다. 그동안 산업사회의 폐해가 마침내 부메랑으로 돌아왔고, 빨리빨리문화가 가져온 가슴 아픈 부작용의 대표적 사례였다.

1995년 스페인에 갔을 때였다. 1882년 바로셀로나에 짓기 시작한 가우디성당은 건축공사를 시작한 지 100년이 넘었음에도 완공되지 못하고 있었다. 결국 가우디 사후 100주년기념으로 2026년에 완공을 목표로 아직도 진행 중에 있다고 한다. 가우디는 그 성당의 최초설계자이다. 무엇보다 웅장함을 중시했으며 최고의 걸작으로 완성하고자 꼼꼼히 챙기다 보니 속도와는 상관이 없었다. 정권이 수차례 바뀌고 세월이 흘러도 이처럼 흔들림 없이 사업을 지속할 수 있었던 것은 국가를 위한 확고한 역사의식이 있었기 때문이다. 미완성작품임에도 관광객들이 찾고 있으며 건축문화를 자랑하고 있다.

오랫동안 우리는 앞만 보고 쉼 없이 달려야 했다. 특히 새마을사업을 시작하면서 더욱 가속화되었을 것이다. 그 덕택으로 양적성장에 기여한 것은 사실이지만 질적으로 말할 수 없는 오류와 시행착오를 겪어왔다. 군대에서도 3보 이상 구보, 식사도 3분이 지나면 '식사 끝' 하며 수저를 놓아야 했다. 이제 우리나라도 GDP 3만 달러를 내다보는 선진국의 문턱에 와 있지 않는가. 옆도 보고 뒤도 돌아보며 두드리고 가야 한다. 혼자 가면 빨리 갈 수 있지만 함께 가면 멀리 갈 수 있다지 않던가. 남이 잘하면 박수도 쳐주고 밀어주고 당겨주며 함께 가야 살 만한 사회로 발전할 것이다. 채찍질을 당하며 과정을 무시한 채 달려오면서 실패와 부실덩어리는 나타나기 마련이었다.

바람직한 삶은 속도가 아니라 방향이다. 올바르게 가기 위해서는 타이밍에 맞는 적절한 휴식이 필요하지 않을까. 마음의 여유는 돈으로도 살 수 없으니 스스로 만들어 가야 한다. 쉼표 없는 삶은 브레이크 없는 자동차와 같으니 말이다.

(2017. 2. 1.)

버리기 연습

나는 수시로 버리기 연습을 한다. 나이가 들어서일까? 책상과 서재를 정리하면서 '꼭 필요한가, 정말 중요한가?' 늘 자신에게 하는 질문이다. 그동안 별의별 잡동사니들이 중심에 자리 잡고 있어 내 생각을 가로 막으며 방해하고 있었던 것이다. 책이든 물건이든 1년 이상 찾지 않았다면 그 필요성을 따져볼 일이다. 5년, 10년이 지나도 한 번도 찾지 않은 것들이 책장의 전면을 차지하고 있었으니, 나도 무던히 변화를 싫어했던 것 같다.

나의 버리기는 책뿐만이 아니다. 책상 서랍 안에 잠자고 있던 오래된 물건도 마찬가지다. 그동안 묵직하게 눈을 가렸던 낡은 찌꺼기를 정리하고 나면 그렇게 신선할 수가 없다. 버리기를 통해 진정한 삶의 의미를 찾고 마음의 여유를 느낀다. 한때는 소중하게 여겼을 테지만 이미 그 시효가 지나면 정리의 과정을 통해 새 주인에게 자리를 물려주어야 또 다른 싹이 돋을 수 있기 때문이다.

사실 오랫동안 애지중지했던 물건을 버리기란 쉬운 일이 아니다. 정리시간이 오래 걸리기 마련이다. 이때 조심해야 할 것은 가족과 함께 공유하고 있는 물건은 반드시 의논하여 버려야 한다는 점이다. 언젠가 책장 속에 넣어두었던 영수증이 없어졌다며 "이러다가 잘하면 각시까지 버리겠네!" 하는 아내의 공격이 만만치 않았다. '앗, 실수!' 그래도 어찌할 건가? 한 번 버려진 것을 어디서 찾는단 말인가?

지나간 흔적을 버리기 아까워 글을 쓰는지도 모른다. 좋은 일이든 그렇지 않은 일이든 나만의 소중한 흔적이어서 버리기가 쉽지 않았다. 한때 손때가 묻은 물건이요 아련한 추억이 있는데 어떻게 없애랴? 비록 작은 물건일지라도 버리기에 앞서 의미를 부여하다 보면 중요한 흔적이 있었다. 그렇다고 더 이상 소유할 수도 없어 버려도 되겠다는 결론에 이르면 과감히 버린다.

버리기는 진정한 삶의 의미를 찾기 위함이다. 간결한 삶이란 가장 소중한 것을 진정 소중하게 여긴다는 뜻이다. 법정스님은 나를 얽어매고 있는 구속과 생각으로부터 벗어나 자유로워지는 것이 아름다운 마무리라 했다. 무소유란 아무것도 갖지 말라는 것이 아니요 꼭 필요한 것만 가지라는 뜻이란다. 생각해 보니 이것들이 지나온 나의 흔적이요 한때 손때가 묻은 것이다. 그럼에도 나에게 정말 중요한 것이 무엇인지를 물으며 방해하는 요소를 과감히 정리하는 과정은 꼭 필요하다.

고희古稀를 바라보며 어떻게 살아야 할까? 이대로 살아도 되는가? 막연한 질문을 던져 본다. 오직 하나님이 허락한 남은 길을 갈 뿐이다. 이제 시효 지난 물건도, 쓸데없는 생각도, 버릴 수 있다면 정리하며 갈 것이다. 단순하게 살수록 자기의 삶은 더욱 명료해질 것이다. '버리지 못하면 채울 수 없다.'는 평범한 진리가 마음의 여백을 풍요롭게 할 것이다.

(2017. 8. 9.)

기다림

삶은 어쩌면 기다림의 연속이다. 내일이 희망이요 오늘을 사는 이유일 것이다. 사는 일이 아무리 힘들어도 내일은 좀 나아지리라는 기대와 희망이 있기에 오늘을 견디며 산다. 늦은 밤 기다림에 지쳐 보채는 아이는 엄마의 숨소리만 들어도 기뻐 날뛰지 않던가. 기다림은 오지 않은 일에 대한 행복 예감이요, 사랑하는 사람을 만나는 설렘이다.

아침이면 으레 아내와 산책을 나간다. 햇살은 따사롭고, 강가의 박새들은 청아한 휘파람 소리를 내며 나뭇가지 숲에서 봄맞이 채비를 한다. 날씨가 조금씩 풀리더니 인근 소양천에 많은 물오리들이 햇살을 받으며 평화스럽게 유영을 한다. 추운 겨울 이들은 얼마나 따뜻한 봄을 기다렸을까.

풀숲에 숨어있던 물오리 떼가 발소리에 우~우, 푸드득 물장구를 치며 날아간다. 저쪽 어떤 녀석들은 햇살에 취해 졸기도 하고, 또 목석처럼 불쑥 목만 내밀고 돌부처가 되어 웃음짓게 한다. 하얀 소복차림으로 하늘을 나는 백로들은 한 폭의 그림처럼 부러운 존재였다. 아직은 찬바람에 어설픈 정초의 날씨지만 얼마 뒤면 버드나무 가지에 물이 오르고, 새들은 기지개를 켜며 노래할 것이다.

엄동설한에 야생동물이나 조수들은 수난을 겪기 마련이다. 며칠 전엔 강추위로 천변 강물이 모두 얼어붙었다. 물새들은 갈 곳이 없으니 겨우 물막이 둑 주변 얼지 않는 곳에 모여 우물거렸다. 강물이 얼었으니 먹잇감을 구할 수도, 갈 곳도 없었을 것이다. 어떻게 겨울을 나야 했을까. 이러다가 살기 어려우면 영영 떠나버리지나 않을까. '삼월에 장독 깬다.' 고 하지만, 입춘이 가까웠으니 조금만 더 참아주길 바랄 뿐이다.

봄소식을 확인하고자 주변마을로 들어섰다. 땅심을 받고 자란 봄나물이 먼저 소식을 전하기 마련이다. 지난 가을에 심은 마늘과 양파는 생기를 되찾으며 푸르른 모습을 드러내고 있다. 찬바람 눈비를 맞으면서도 이처럼 버티어 왔던 걸 보면 지독한 식물이다. 연한 식물일수록 겨울을 잘 버티어간다. 상추, 시금치도 그렇지만 그 연한 미나리도 얼음 속에서 캐내지 않던가. 논두렁엔 작은 새싹들이 생명력을 과시하고 있다. 냉이, 씀바귀, 보리뱅이, 군침을 돌게 하는 쌉쌀한 봄나물이 얼굴을 내민다.

비닐하우스 안에서 도란도란 인기척이 들린다. 어떤 분들일까. 무심코 들어가 보니 사람들이 미나리를 다듬고 있었다. 얼음 속에서 채취한 싱싱한 미나리 단을 묶고 있다. 아내는 만 원을 주고 두 단을 샀다.

추운 겨울 새벽부터 나와 언 손을 녹여가며 채취한 것이다. 생선탕에 넣을 것이라 하니 저녁이 기다려진다. 물속에서 겨울을 지낸 미나리는 연하고 엽록소가 풍부할 테니 냉장고의 김장김치와 어찌 비교할 수 있을까.

환자가 병이 나아 건강한 몸으로 병원 나가기를 기다리듯, 군대에 간 아들이 무사히 제대하고 돌아오기를 기다리듯, 겨울은 기다림의 계절이요, 희망과 설렘의 계절이다. 조상들은 혹독한 겨울을 대비하여 농사를 지어 식량을 비축했고, 김장을 하고 날개를 엮어 지붕을 이었으며 땔감을 준비했다. 절기節氣는 자연의 순리를 범하는 일이 없다. 살기가 어려운 사람들도 따뜻한 봄을 기다리며 추위와 싸워왔을 것이다.

오늘은 대동강물도 풀린다는 우수雨水다. 조금 있으면 광양의 매화축제, 구례 산수유축제가 사람들을 불러들일 것이다. 엊그제 봄비가 촉촉이 내리고 정월 대보름이 지나더니 날씨가 포근하고 스치는 바람결이 한결 부드럽다. 이처럼 절기는 어김없이 우리를 봄 한가운데 내려놓고 있다. 겨울잠을 곤히 자던 개구리도 벌써 나왔다는 소식이다. 시장에 가서 냉이를 사다가 봄 냄새에 취하고 싶다.

(2018. 2. 22.)

물, 물 좀 주소

장마가 계속되고 있다. 생수 같은 소나기가 마음의 갈증까지 해소해 준다. 최근 몇 년 사이에 이처럼 내린 비가 있었던가. 앞뜰에 심은 고추와 가지가 주렁주렁 열매를 맺고, 호박넝쿨도 고개를 쳐들고 겁도 없이 뻗어나갔다. 막혔던 길옆 하수구가 뚫리니 너저분했던 주변이 깨끗이 청소된 느낌이다. 큰 사고만 없다면 이처럼 시원스럽게 비가 자주 내렸으면 좋겠다.

물이 얼마나 불어났을까? 천변에 나가 보니 제법 북정물이 흐른다. 아침 비가 개니 그렇게 공기가 맑고 하늘이 깨끗할 수가 없다. 부부끼리 산보를 하는 사람, 자전거를 타며 아침운동을 하는 사람, 또 여기저기서 자리를 잡은 낚시꾼들이 한가롭기 그지없다.

어릴 적엔 비가 오는 날이면 무작정 좋았다. 큰방 작은방을 뛰어다니며 동생과 숨바꼭질도 하고 놀았다. 먹구름이 일고 우르르 쾅쾅 천둥이 질 때면 무서워 이불을 뒤집어쓰고 숨기도 했다. 주룩주룩 비가 오면 마당을 뛰어다니며 좋아했다. 마당에는 어디서 올라왔는지 미꾸라지가 헤엄을 치고 다녔다. 저 밑 도랑에서 물줄기를 타고 올라왔을까, 하늘에서 떨어졌을까. 그땐 하늘에서 비구름과 함께 떨어졌다고 했다. 비가 오면 아버지는 논에 가서 물을 가두고 물이 차면 다시 다른 논으로 물꼬를 터주었다.

이번 비로 천변에는 풀들이 시원스럽게 너울거렸다. 개망초, 달맞이꽃, 돼지감자와 이름 모를 형형색색의 꽃들이 천변을 수놓고 있다. 보라색 예쁜 꽃이 군락을 이루는 곳에 발길이 머물렀다. 나비와 벌이 날아드니 마음마저 넉넉해진다. 나와 같은 심정이었는지 어느 부부도 멈추어 이리 보고 저리 보고 사진을 눌러댄다. 사람이나 꽃들도 이름을 불러주어야 사랑스런 법인데 이름을 알 수 없으니…. 어느 꽃이나 군락을 이루면 아름답기 마련이다.

소나기로 하천 물이 뒤집어지니 물속의 고기들도 요동을 친다. 제방 저쪽에선 유난히 반짝이는 아침 햇살에 물고기들이 날뛰고 있다. 둑 주변에는 물오리, 백로들이 먹잇감을 찾으며 주변을 배회한다. 기회를 놓칠세라 날뛰는 물고기를 잽싸게 물어 먹어치우는 백로의 모습은 환상적이다. 잽싸게 물고 물리는 먹이사슬을 보면 좋은 일만 있다고 날뛰지 말고 묵묵히 살 일이다.

도시 하천은 시원한 공기를 주는 통로이자 호흡기관이다. 논밭에 물길을 내주기도 하고 생활폐수를 정화하여 깨끗한 물로 흐르게도 한다. 요즘 지자체마다 생태하천을 만드는 데 힘을 기울이고 있다. 악취가 나던 전주천도 1급수 수준으로 깨끗해져 쉬리나 피라미가 살고 있다니 감사할 일이다. 간간이 디딤돌을 놓고 꽃길을 조성하여 잊혀가는 추억을 되살려 준다. 이 모두가 행정의 힘이고, 사람의 손길이 미치다 보니 환경이 바뀌게 되었다.

어디를 가나 호수가 있고 물이 가득 차 있으면 풍요로워진다. 치산치수治山治水는 그 나라의 수준을 가늠하는 척도이다. 아무리 더운 여름에도 흐르는 냇가가 있고 물이 있으면 사람들이 모여 들었다. 비가 올 때마다 쏟아지는 빗물이 강으로 바다로 흘러가 버릴 것을 생각하면 아쉬워진다. 흐르는 빗물을 저장하지 못하고 흘러가 버리는 비율이 42%가 넘는다. 서울 같은 대도시에는 포장률이 54%가 넘어 비가 와도 땅으로 스며들지 못하고 하천이 범람하기도 하고 쓸모없이 흘러가 버린다.

푹푹 찌는 여름이면 '물, 물 좀 주소!' 만물이 아우성이다. 아무리 쏟아지는 빗물도 흘려보내 버리면 무슨 소용이랴. 댐과 저수지를 막아 관리하는 일은 우리 인간의 몫이다.

(2016. 7. 4.)

들길

길을 가다 보면 가끔 방황할 때가 있다. 잘 아는 길인데도 골목을 잘못 들면 이리저리 헤매며 고역을 치르곤 한다. 며칠 전 사위가 전주에 왔다가 설교 약속이 있어 차량을 운행하던 중이었다. 잘 아는 길이라 저녁시간에 맞추어 가다가 그만 길을 잘못 들어 30여 분을 헤매는 일이 벌어졌으니 얼마나 당황했던가!

이렇듯 우리는 수없이 길을 걸어왔고 때로는 길을 잘못 들어 낭패를 당하기도 한다. 고속도로와 같이 잘 다듬어진 길도 있지만 가보지 못한 낯선 길도 있듯이 우리 삶이 그렇다. 앞서간 선배나 부모를 잘 만나면 그분이 가이드가 되어 편하고 좋은 길을 이어 달릴 수도 있지만, 그렇지 못한 사람은 칠흑 같은 밤길을 더듬거리며 걷게 된다.

나는 어려서부터 들길을 많이 다녔다. 초등학교시절 살던 곳은 남원 대강의 산골마을이었다. 학교에서는 꽃씨 모으기로 통학 길에 꽃씨를 심고 가을이면 너울거리는 코스모스를 보며 감상에 젖기도 했다. 학교에서 돌아오면 괭이를 들고 뒷산으로 올라가 칡을 캐먹기도 하고 고샅에 나가 자치기, 돌 넘기기 등을 하며 친구들과 어울렸다. 마을에 적당한 놀이터가 없으니 이 모두가 길에서 이루어졌다.

아버지는 늘 가만 있지를 못했다. 할 일이 없으면 불안했을까. 틈이 나면 볏집으로 새끼를 꼬기도 하고, 임자 없는 빈 땅을 일구며 밭일을 하셨다. 나는 자갈길의 리어카를 밀기도 하고, 고구마나 감자를 캐며 부족한 일손을 거들었다. 부모님의 흘린 땀방울을 보며 곁길로 가는 일은 감히 엄두를 낼 수 없었다. 눈발이 날리는 추운 겨울, 발이 시린 날이면 부엌에서 고구마를 구워 먹거나 뜨끈뜨끈한 물고구마를 삶아 점심을 대신하던 일들은 아름다운 추억이다.

고등학교를 졸업하면서는 공무원이 되는 것은 나의 희망이었다. 시골에서 눈에 보이는 대상은 공무원이나 경찰, 교사들이었다. 부모님은 공무원의 길에 들어선 것만으로도 자랑으로 여겼다. 마을 주민들의 공감을 이끌어내고 당시 농촌을 이끌어가던 주역이 공무원 아니던가. 환경을 개선하고 소득을 증대시키며 국민들을 잘살게 하려던 당시 새마을사업은 새벽별보기운동이었다.

나는 공직에 있는 동안 새마을부서와 여러 부서를 거치면서 많은 경험과 안목을 쌓아갔다, 지긋지긋한 가난도 보았고, 열심히 노력하여 남부럽지 않은 삶을 꾸리는 성공사례도 눈여겨보았다. 그러나 부끄러웠던 일도 있다. 1980년 초 공장노동자(오원춘) 사망사건이 일어났을 때나. 진상규명을 요구하며 시위에 앞장섰던 자들을 잡아들이기 위해 공무원들이 상인 또는 노동자로 가장하여 그들을 고발하기도 했다. 성당의 어느 신부가 노동자들을 선동했다는 죄목으로 그들을 고발하지 않았던가. 후일 이 노동자의 사망은 경찰의 고문에 의한 것이었고 이를 은폐하기 위한 정부의 조작극이었음이 밝혀지게 되었다.

우리는 사회의 첫발을 어디에서 시작하느냐에 따라 그렇게 흘러가기 마련이다. 뒤를 돌보아 줄 후원자가 없는 사람이 직장을 옮겨 다니기란 어림없는 일이었다. 읍면에서 근무하던 공무원이 어느 날 내무부에 발령되어 승진가도를 달리기도 했으니, 어디 살아가는 방법이 공직뿐이랴. 어릴 적 개구쟁이 친구들을 보면 비록 공부는 앞서지 못했지만 사업가로 변신하여 큰돈을 벌고 주위로부터 인정을 받으며 평탄하게 사는 친구들도 많았다.

뒤돌아보니 길을 가며 얼마나 허둥대고 비틀거렸던가. 잘 닦이지 않은 길이나 돌다리도 두드리며 조심스럽게 건너야 했다. 공직에 있는 동안 '에라이 더런 놈들아.' 하며 수십 번 박차고 뛰쳐나오고도 싶었지만 입술을 깨물며 참아야 했다. 감히 아랫사람들의 의견은 필요치 않은 때였다. 윗사람들의 뜻을 먼저 알고 '예.' 하는 자가 일등 공무원이었다.

이 모두가 지나고 보니 성장하고 발전해가는 그 시대의 아픔이었다. 길에 부딪치는 수많은 장애 때문에 때로 고통도 아픔도 있었지만 우리를 성장시키는 과정이었다. 들길에 저 홀로 피어 향기를 발하는 누님 같은 꽃, 구절초 꽃이 되고 싶다.

(2015. 11. 20.)

눈물이 부족한 사람

오래전부터 슬며시 찾아온 불청객이 있다. 이른바 안구건조증이 좀처럼 나의 행복을 방해하고 있어 얕잡아 볼 일이 아니었다. 눈물이 부족한 사람, 이러다가 눈물도 없는 매정한 존재로 변해버릴까 겁이 난다.

안구건조증은 눈물이 부족한 증상이니 자연히 눈이 뻑뻑하고 시어 여간 불편한 일이 아니다. 대화를 나누면서도 눈길을 마주할 수가 없으니 자존심이 상한다. 지난해 1월엔 시내에서 운전하다 바로 앞에 정지선에 서 있는 차를 들이받는 사고가 발생했으니 완전히 나의 잘못이었다. 다행히 인명사고는 없어 수리비만 보상해주고 끝냈지만 아찔한 순간이었다. 그러기에 특별한 경우를 제외하고는 늘 아내에게 운전대를 맡겨버린다.

마침 새해 벽두 '디톡스' 힐링캠프가 있다기에 1주일간 참여했다. '디톡스'란 '몸속의 독소를 없애다'는 뜻이다. 모든 질병의 90% 이상이 활성산소가 원인이라 하니 참여해 볼만 했다. 그동안 잘못 길들여진 생활습관이나 음식물 섭취로 쌓인 활성산소(독소)를 제거하기 위해서는 본인이 직접 참여하고 체험하여야 한다는 프로그램이다. 눈물이 줄어드는 건 영양공급의 문제일 테니 참여해 보라는 권유였다. 고질적인 질병을 치유할 수 있다면 1주일이 문제겠는가.

먼저 혈액을 채취하여 검사하니 'D급'으로 떡이 되어 있었다. 고지혈증은 있으리라 예상은 했지만 걱정이었다. 1주일간은 아주 소량의 영양효소와 녹즙(항산화주스)을 마셨다. 거기에 맞도록 자연치유를 위한 건강강의도 함께 이루어졌다. 녹즙이 우리 몸에 독소를 제거하는 데 1등공신이란다. 며칠 지나니 정확히 측정할 수는 없지만 눈 뜨기가 부드러워진 느낌이었다. 어찌 오래 지속되었던 질병이 며칠 사이에 나아질까, 설마했지만 예감이 좋아 보인다. 항산화주스(녹즙)가 위력을 발휘한 것일까.

문제는 단식이나 다름없는 프로그램이니 배고픔을 참는 일이다. 배고픔과 배설을 참는 일이 가장 큰 고통이라 하는데 저녁이면 속이 쓰리고 잠 안 오는 밤이 많았다. 내 의지력의 싸움이니 그것쯤 견디지 못할까. 앞으로 편식하지 말고 균형잡힌 음식을 섭취하리라. 녹즙도 수시 먹으며 운동을 생활화하리라. 잘못된 음식습관과 생활태도를 바꾸지 않고 오래된 질병을 고치는 일을 언감생심焉敢生心이다.

최근 경제여건이 좋아지면서 우리의 식생활은 채식 위주에서 육식 위주로 변해가고 있다. 직장인들의 경우 시간에 쫓기다 보니 햄버거나 인스턴트식품으로 길들여져 있다. 경쟁사회에서 남보다 뒤지지 않으려는 빨리빨리 습관 때문일까? 이처럼 서구형으로 음식문화가 변모하면서 당뇨, 비만, 대장암, 전립선암 등이 급증하고 있다. 대장암은 육식을 즐기는 선진국병이라 한다. 폐암 전립선암과 함께 OECD국가에서는 남성의 3대암으로 분류하고 있으니 말이다. 여성도 유방암과 대장암 폐암이 주종을 이루고 있다.

항산화주스의 주재료는 당근, 샐러리, 비트이며 5:3:1의 비율로 즙을 내어 마시면 산성체질을 알칼리성으로 변화시킨단다. 그처럼 당근은 한약의 감초와 같아서 그 효과가 대단하다. 10% 정도는 색깔 있는 녹황색채소를 곁들여도 좋단다. 특히 '베타카로틴'이라는 효소를 많이 함유하고 있어 부족한 영양공급은 물론 체내에 독소를 제거하고 면역력증가, 혈관청소, 신진대사 촉진, 세포재생, 노화방지 등 이루 헤아릴 수 없을 만큼 효험을 발휘한다고 한다.

프로그램이 끝나고 혈액을 측정해 보니 A급으로 변해 있었다. 몸무게는 2.5kg 감량되었지만 당연한 일이다. 다이어트를 한 사람들은 너나없이 좋아한다. 눈도 상당히 부드러워진 느낌이다. 눈물이 부족한 나는 피도 눈물도 없는 사람으로 변해버릴까 봐 걱정이었는데 '아이구 하나님, 감사합니다.' 기도가 절로 나왔다. 이대로 치유되었으면 좋겠다. 어디 눈뿐이겠는가. 구취도 백태도 해결된 듯싶다.

TV 〈나는 자연인이다〉 프로에서 거의가 건강 때문에 산으로 들어간 사람들이었다. 그들은 오염되지 않은 환경에서 운동을 하고 햇볕을 받으며 주로 땅에서 나는 식물을 먹었다. 스트레스도 없으니 몰라보게 치유되어 가는 그들을 보았다.

'음식으로 고칠 수 없는 질병은 약으로도 고칠 수 없다.'는 히포크라테스의 말이 빈말이 아니었다. 건강은 건강할 때 지켜야 함이 당연한 일이지만 쉽지 않은 일이다. 나이 들수록 건강의 중요함을 말해 뭐할까. 배운대로 실천해보자. 이제 새해를 시작하면서 눈부터 밝아져 치유함을 받고 걱정 없는 한 해가 되길 바란다.

(2017. 1. 17.)

구절초 단상

구절초는 우리나라 가을을 대표하는 꽃이다. 음력 9월에 꺾는 풀이라 하여 붙여진 이름이다. 야산에 피는 소박하고, 토속적이며, 정감이 넘치는 야생화, 화려하지는 않지만 늦게까지 남아 은은한 향기를 뿜으며 어느 꽃도 다하지 못한 의무를 다하려 한다. 여인이 소복차림으로 누군가를 기다리듯 애절해 보인다.

문학은 반드시 도를 담아내야 한다(文以載道)는 고정관념이 커다란 흐름을 이루고 있다. 중국의 도연명은 가을이 되면 지천으로 피어나는 평범한 국화꽃에서 일상의 재가치를 발견해 주었고, 북송의 동파 소식은 유배지의 달빛에 어른거리는 대나무 그림자 속에서 삶의 즐거움을 찾아냈다고 한다. 근대로 넘어오면서 일상생활 속의 작고 하찮아 보이는 소재를 찾아 작품을 창작하는 경향이 강해지고 있다.

매년 시월이면 정읍 산내에서 구절초축제가 열린다. 이번 행사에도 옥정호에서 피어나는 물안개와 솔숲 사이로 펼쳐진 꽃동산은 깊어가는 가을의 서정을 잘 보여주고 있었다. 첫눈이 온산을 뒤덮인 것처럼 착

시를 일으킨다. 섬진강의 최상류, 호남정맥의 회문산으로 이어지는 이곳은 과거 빨치산들이 숨어 살던 으슥한 곳이었다. 옥정호를 개발하면서 관광명소로 바뀌게 되었고, 청정지역에서만 자생하는 구절초는 이곳에서 보기 좋은 야생화 군락지를 형성한 것이다.

대부분의 행사장엔 먹거리장터가 한몫을 하기 마련이다. 무엇보다도 유명한 것은 옥정호 주변에서 잡은 물고기로 끓인 어죽이 일품이다. 바쁜 일손을 멈추고 주변 사람들이 몰려와 맛깔스런 어죽을 들며 막걸리잔을 나누는 모습은 그렇게 평화로울 수가 없다. 구절초로 만든 베개, 꽃차茶가 전시되어 있으며, 그 지역 특산물인 고구마, 단호박, 고추 등 농산물 직거래장터도 열린다. 지난여름 폭염을 참으며 땀 흘린 보람이다.

요즘 나는 군산의 오식도공원을 자주 오른다. 초입 길목에 듬성듬성 구절초가 활짝 피어 발길을 머물게 한다. 누군가 이곳에 꽃씨를 뿌려 놓았음이 틀림없다. 진한 향내를 뿜으며 등산객들을 유혹하고 있으니 횡재를 만난 기분이다. 찬서리와 바닷바람을 어떻게 견디어 왔을까? 아니 저 숲속에서 몇 송이 꽃이 못난이 벌과 나비들에게 젖을 물리고 있다. 저 하나 감당하기도 어려우련만 먹이를 나누어 주고 있다니 천사임이 분명하다.

가을은 풍요로운 계절이다. 농부들은 논밭에 누런 곡식들을 갈무리하고 있다. 일하지 않고 어찌 수확을 기다리며 결과를 기약할 수 있을까? 일꾼들이 곡식을 거두어들이듯 가을은 누구나 지나온 뒤안길을 더듬으며 반성문을 써야 하는 엄숙한 시간인지도 모른다.

지난여름 왕성하던 나무들도 찬바람, 된서리를 맞고 단풍으로 변해 가고 있다. 남자의 계절이라서일까? 가을이 깊어갈수록 텅빈 들녘을 보면 마음도 스산해진다. 이 땅에 사계절이 있듯이 모든 생물에게도 생로병사가 있기 마련이다. 세상 좁은 줄 모르고 온산을 휘어감던 나무넝쿨도 앙상한 몰골이 될 것이다. 무섭게 맹위를 떨치던 그 기개는 어디로 갔을까?

버릴 것이 없는 구절초, 늦가을까지 남아 미물들에게 먹이를 주고 온몸을 다 내어주는 약용식물이다. 향이 좋아 꽃잎을 달여 차로 마시기도 하고, 줄기와 뿌리를 말려 베개를 만들어 사용하면 숙면을 할 수 있다. 두통이나 탈모는 물론 머리칼이 희게 되는 것을 방지해 준단다. 온몸을 따뜻하게 하며 혈압을 낮춰주고 항산화, 염증해소, 비만, 항암에 효험이 있는 식물이다. 특히 갱년기 여성들의 소화불량과 월경불순, 자궁냉증에도 좋단다.

가슴을 열고 모든 것을 주려는 듯 이 꽃은 마음에 파문이 인다. 크게 내세울 것 없는 자신이 부끄럽다. 은퇴 이후 수필 공부를 하는 나는 늦가을 연약한 벌이 꿀을 찾아들듯이 글감을 찾아 헤매기도 한다. 애절하게 피어 있는 구절초를 보며 마음 아파하는 이들을 위로하는 글은 쓸 수는 없을지 고민에 젖는다.

(2018. 10. 15.)

배움의 갈증

은퇴를 하고 나는 미친 사람처럼 이곳저곳을 기웃거렸다. 서예, 한문, 수필공부를 하며 지난해에는 사회복지학을 사이버로 공부하기도 했다. 나이가 들어가면서 욕심을 조금씩 내려놓아야 한다는데 채워지지 않은 공허함 때문에 배움의 갈증은 나를 바쁘게 한다.

매주 수요일이면 어김없이 신아문예대학에 나가 수필공부도 한다. 기회가 되면 수필집이라도 한 권 내볼 요량이다. 첫 시간은 으레 칭찬하는 시간이니 나와 관계된 사람들이라면 누구도 좋다. 좋은 글을 쓰기 위해서는 늘 긍정적인 시각으로 사물을 보아야 아름다운 글이 생성되기에 오래전부터 이어오고 있다.

하나

중진 수필가 J 문우님은 자기 자신을 칭찬한다고 했다. 그는 여성으로 등단한 지 꽤 오래되어 이미 수필집도 두 번이나 낸 50대 중반의 유명한 수필가다. 이런 분이 고등학교에 입학하다니, 이번에 방송통신고등학교에 입학하게 되었다며 새내기 여고생의 각오를 밝혔다. 학력 때문에 자신만이 느끼는 말할 수 없는 스트레스를 느꼈던 것일까. 그동안 자제해 왔던 충동이 되살아나 견딜 수가 없었다고 했다.

큰 맘 먹고 입학을 하고 보니 지난날의 망설임은 모두 기우에 지나지 않았다고 깊은 속내를 털어놓았다. 그동안 못다 한 공부를 열심히 해보겠다는 한이 서려 있었다. 직장에 다니면서도 수필을 쓰고, 동사무소 자치위원으로 활발한 사회활동을 하는 분이기에 이러한 결단을 내리기란 쉬운 일이 아니었을 것이다. 배움에는 시와 때가 있을 수 없다. 비록 늦었지만 용기있는 자에게 기회는 오기 마련이다.

둘

또 다른 친구가 있다. 내가 다니는 교회 J 장로님은 64세 노구의 몸으로 배움의 길에서 열을 올리고 있다. 아버지는 6 · 25참전으로 얼굴도 모르는 유복자가 되었지만 어머니는 재가를 하였으니 할머니와 함께 갖은 고생을 하신 분이다. 57세가 되어서야 중학교과정을 시작하더니 지난 2월 26일 고등학교를 졸업하게 된 것이다. 졸업생 대부분이 어릴 적 기회를 잃고 배움에 한이 되신 분들이다. 임실 오수에서 열린 졸업식에 참석한 나는 울컥하여 솟구치는 눈물을 참아야 했다. '내 나이가 어때서', '눈물 젖은 졸업장' 현수막이 여기저기 나붙어 있었다. 40대로부터 82세의 할머니에 이르기까지 다양한 만학도들이 모여 서로를 위로하며 격려하고 있었다. 그들 모두는 눈물을 글썽거리며 웃고 또 울었다. 6천여 평의 과수원을 운영하고, 고추와 채소 등 수천 평의 농사를 지으면서도 주경야독의 정신을 잃지 않았다. 졸업식을 마치자 "축하합니다!" 하며 꽃다발을 드렸더니 깜짝 놀라며 내 손을 꼭 잡아주셨다. 올해에는 벌써 대학교에서 사회복지학을 공부하고 있단다. 산더미같이 쌓인 농사일을 뒤로하고 책과 씨름하기는 쉬운 일이 아니었을 터인데 허리가 휘도록 고생하는 아내를 보면 많이 힘들었을 것이다.

자신의 부족함을 묵묵히 채워가고 있었다. 자신의 약점을 드러내지 못하고 위선과 가식, 체면만을 의식한다면 어찌 나의 하고 싶은 일을 하며 발전할 수 있으랴. 비록 늦은 나이지만 가슴에 맺힌 응어리를 풀 수 있으니 용기있는 분들이다. 그간 자존심을 짓누르며 가로막았던 답답함이 뻥 뚫리는 순간이었으리라. 못다 한 꿈을 이루어가는 이들을 진심으로 응원하며 박수를 보낸다.

요즈음 젊은이들은 으레 대학을 졸업하지만 높은 학력의 졸업장을 취득하고도 취업하기란 여간 어려운 일이 아니다. '사람은 많아도 정작 필요한 사람은 적다.'고 어떤 기업인은 말한다. 사람을 고르려 들면 전문인력이 부족하다는 뜻이다. 배움에 나이가 무슨 상관이랴. 스스로 필요를 느끼며 부족함을 채워나가는 사람들에게 기회가 주어지며 잔잔한 행복은 찾아오는 법이다. 틈틈이 에너지를 충전하며 성숙한 자신을 만들어가신 분들이다. 머리에 서리가 내리고 손마디가 거칠어져도 더 아름다워 보인다.

(2015. 3. 20.)

제6부

닮고 싶은 나라 덴마크
촛불의 힘
탈원전 가능한가
〈동주〉 영화를 보고
영화 〈택시운전사〉
민주화의 고귀한 희생
무신불립
평창동계올림픽과 감동
No婚 No産
김정은이 변했을까
군산산업단지의 시름

남과 북이 하나 되고 응원하는 모습은 가슴 벅찬 감동이요 평화축전이었다. 북한이 비핵화에 동참하고 개혁개방에 앞장선다면 북한의 경제는 몰라보게 달라질 것이다. 모처럼 타오른 평화의 불씨가 꺼지지 않도록 세계인들이 지켜보는 앞에서 자랑스런 대한민국의 역사를 다시 쓰기를 기대한다.

닮고 싶은 나라 덴마크

덴마크는 우리나라 평안도 정도의 국토와 540만 명의 인구를 가진 조그마한 나라다. 토질은 메마르고 1년 중 300여 일 이상 을씨년스런 기후가 지속되니 우리나라에 비해 크게 자랑할 것이 없는 나라다. 그러함에도 오늘날 세계 유일한 낙농업국가로 OECD국가 중 행복지수 1위의 부러움을 사고 있는 나라가 되었다.

이 나라는 1864년 프러시아와 오스트리아 연합군에 의해 패전하여 희망을 잃고 있을 때 '달가스'는 '밖에서 잃는 땅 안에서 찾자.'는 구호를 내걸고 시작한 것이 식목사업과 농토개량사업이었다. 식목사업은 발트해에서 불어오는 바람과 모래의 이동을 예방해 주었다. 해수면보다 낮은 습지를 메우며 객토사업 · 시비개선사업을 통하여 비옥한 토지로 일구기 위해 전 국민은 삽과 괭이를 들고 동참하였다.

우리 새마을운동은 덴마크의 성장모델을 본받은 것이다. 10여 년 그 나라에서 유학했던 유태영 박사의 건의로 이루어진 새마을사업은 1971년도부터 시작하여 1980년대 말까지 지속되었던 농촌근대화운동이 아니던가. 유 박사는 어렵게 공부하여 우뚝선 전북이 낳은 자랑스런 인재가 아닌가.

1976년 순창군 새마을과에 근무할 때 어느 선배 공무원의 덕담이 생각난다. '먼 훗날 우리나라가 잘살게 되면 새마을사업을 이야기할 것이다. 그때 내가 일했노라고 말할 수 있을 것이니 긍지를 가지고 일하라.' 새마을사업을 폄하하는 분들도 있지만 우리 경제가 어느 정도 궤도에 오른게 된 것은 이때가 아닌가 싶다. 새벽별을 보고 출근했으며 저녁엔 별을 보고 퇴근했으니 '새벽별보기운동'이었다.

정신개발, 환경개선, 소득증대가 목표였다. 나는 매일 정신교육을 위해 농한기철이면 마을마다 돌아다녀야 했다. 으슥한 저녁 산길을 가다 보면 차의 불빛을 보고 노루 · 토끼 등 야생동물들이 달려들기도 했지만 조심조심 비켜 다녔다. 깊은 밤 야산에서 구슬피 울어내던 부엉이 소쩍새 소리는 얼마나 외롭고 가슴을 아리게 했던가. 눈이 많이 오는 날이면 이장 집에서 하룻밤을 지새우면서 말이다.

"새벽 종이 울렸네, 새 아침이 밝았네." 이른 아침 새벽잠을 깨우며 잘살아보자는 외침은 거부감이 없었다. 지붕 · 부엌 · 담장을 개량하고 안길과 농로를 바로잡아나갔다.

재일교포로부터 고향발전을 위해 쓰라며 자금이 지원된 일이 있었다. 그 자금으로 변소개량은 마무리했지만 상수도 시설이 없으니 닭장으로 변해버리는 웃지 못할 사례도 있었다. 퇴비증산 · 객토사업 · 경지정리사업 등 소득증대사업도 활발히 전개되었다. 이로 인하여 기계화영농이 자연적으로 이루어져 농업의 경쟁력이 향상되었다.

어느 나라든 농업을 주축으로 발전했던 나라는 흔들리지 않았다. 농업이 중심에 서지 못하면 빈부의 차가 심해지고 삭막해지기 마련이며 참다운 행복을 줄 수 없다는 것이 전문가들의 의견이었다. 우리가 닮으려 했던 덴마크는 농업국으로 매진하는 것만이 조국을 건지는 길이라는 신념으로 농업국의 입지를 다지며 낙농업국으로 또 산업대국으로 발전해 나갔다.

우리는 미처 농업의 기반을 다지기도 전에 산업화의 물결에 승선해야 했다. 급해서 그랬을까. 수출만이 살 길이라 하여 가발, 봉제품 · 신발 등을 만들어 수출하였다. 외화벌이에 정성을 쏟다 보니 노동력의 싸구려 취급을 당하기도 했지만 그래도 기꺼이 받아들여야 했다. 이때 '빨리빨리문화'가 몸에 밴 것이다. 밥도 빨리빨리 먹어야 했기에 공무원이라면 위염胃炎없는 이가 없을 정도였다.

과유불급過猶不及이라 했다. 당시 군사정권은 유신헌법을 제정하고 장기집권에 몰두하다 보니 자연히 국민적 저항에 부딪치게 되었다. '내가 아니면 안 된다.'는 정치적 욕심이 앞서다 보니 오히려 발전을 후퇴하게 만들고 정치적 혼란은 가중되었던 것이다. 교육적인 토대 위에 농업 기반이 마련되지 못한 것이다.

최근 우리 농촌은 노령화와 젊은이들의 취업난이 심각해지고 있다. 4년제 대학을 졸업하고도 취업이 어려워 또 다시 전문대학에 들어가야 하는 사례가 빈번하지 않던가. 병든 사회에서 사는 개인은 행복할 수 없듯이 선한 노력을 포기한 젊은이들이 있는 한 행복한 사회는 있을 수 없는 일이다. 조속히 전문교육을 시행하고 젊은이를 국가의 동량棟梁으로 길러내야 하다. 덴마크 왜 잘살게 되었는지 고민해 보자.

(2016. 3. 5.)

촛불의 힘

 "대통령 박근혜를 파면한다!"

헌법재판소의 추상같은 판결이 내려졌다. 2017년 3월 10일 오전 11시, 온 국민이 숨죽이던 순간이 아니던가. 세계의 이목이 집중되는 가운데 헌법재판소 이정미 소장 권한대행은 박근혜 대통령 탄핵에 대한 결정문을 낭독해 나갔다. 가슴 아픈 일이지만 이는 헌법수호의 문제라며 결코 용납할 수 없는 중대한 행위라고 규정한 것이다.

국가기밀유출과 최순실 씨 국정농단이 주요 사유였다. 대통령의 권한과 지위를 이용하여 재임기간 전반에 걸쳐 내부문건을 유출하였고, 국정을 투명하게 이끌어야 할 책임 있는 분이 국민의 의혹을 숨기며 특정인의 사익추구에 직·간접적으로 관여했다는 내용이었다. 법 앞에 모두 평등하기를 바라지만 국가원수이기에 참으로 어이없고 참담한 일이었다.

대국민 담화를 통해 진상규명에 최대한 협조하겠다고 약속하고서도 헌법재판소와 특검의 소환에 응하지 않았고, 또 청와대 압수수색도 거부했다. 막강한 권력의 힘으로 방어할 수 있으리라 믿었던 것일까. 이는 '헌정질서에 미치는 부정적 영향과 파급효과가 중대하므로 피청구인을 파면함으로 얻은 헌법수호의 이익이 압도적으로 크다.'고 판단하여 8명의 재판관 전원일치로 주문을 의결한 것이다.

이 사건은 지난해 10월 24일 JTBC(손석희)가 최순실 씨 태블릿PC를 입수하여 보도하면서부터 시작된 일이다. 내용이 조금씩 밝혀지면서 '이게 나라냐?' 온 국민은 분통을 터트리지 않았던가. 전국에서 일어나는 촛불시위는 국회를 압박했고, 결국 12월 9일 국회의원 234명의 찬성으로 탄핵안이 의결됐다. 탄핵안은 헌법재판소로 넘어갔고, 헌재의 판결이 나기까지 92일간은 조용할 날이 없었다. 당장 60일 이내에 선거를 치러야 할 처지에 이른 것이다. 한순간에 집권여당은 지위를 잃게 되었으며 새누리당은 두 개의 당으로 나누어졌다.

서울 광화문을 비롯 전국 각지에서 이어지는 촛불시위는 선고가 내려지기까지 그칠 줄 몰랐다. 하지만 시위양상은 놀라울 정도로 정돈되었고, 법의 테두리 안에서 한 치의 흐트러짐도 없었다. 시위가 끝나면 휴지를 줍고 청소를 하며 서로를 위로하는 아름다운 모습을 보여 우리도 놀랐고, 세계는 한국을 다시 보는 계기가 되었다. 그동안 헌법재판관들은 심리적 압박과 신변의 위협을 느끼면서도 밤낮없이 연구에 몰입했었으니 얼마나 고통스러웠을까.

선고 이틀 만에 대통령은 청와대를 비워야 했다. 4년간 국정을 책임지며 최고의 자리에 있던 분이 그럴 수 있을까. 한마디 말도 없이 사저로 돌아가다니! 이를 본 국민들은 한없이 허탈하여 그간 잘하리라 믿었던 기대가 허물어지는 순간이었다. 오직 대변인을 통해 '시간이 지나면 진실이 밝혀질 것'이라는 짤막한 논평만 있었을 뿐이다.

1972년 미국에서도 비슷한 사건이 있었다. 닉슨 대통령은 재선을 위해 워싱턴 워터게이트빌딩의 상대 당 선거본부를 침입, 도청장치를 하려다 발각된 선거방해 사건이다. 이 사건이 터지자 닉슨 대통령은

"임기를 마치지 못하고 떠나는 일은 비통한 일입니다. 그러나 대통령으로서 나는 미국의 이해를 앞에 둬야 했습니다. 지금 가장 중요한 것은 비통한 감정을 뒤로하고 나라의 상처를 치유하는 것이 먼저이기에 나의 사임이 치유의 시작이기를 희망합니다."라는 사퇴의 변을 남기고 즉시 물러났다.

비명에 가신 그녀의 부모를 생각하면 국민의 마음도 편치 않았다. 결혼도 하지 않은 몸이기에 오직 국정에만 전념하리라 믿었다. 어떤 역술가는 여성 대통령이 나타나 통일을 이룰 것이라는 예언을 남겼기에 은근히 기대하지 않았던가. 그러나 국민의 염원은 처음부터 빗나가기 시작했다. 세월호참사로 304명의 생명이 희생되었는데도 7시간 만에 현장에 모습을 드러내 국민을 실망시키더니…. 비선조직으로 국정을 운영하고, 급기야 국정교과서 개편, 박정희기념관 · 도서관 건립 등 아버지 치적 세우기에 여념이 없었다.

한없이 초라하기만 했던 국민들은 광장의 촛불로 결집할 수 있었다. 이는 분연히 일어난 무혈혁명이고 꺼져가려던 민주주의의 승리였다.

늘 권력의 그늘에서만 맥을 못 추던 언론은 허물지 못할 것 같던 성을 무너뜨렸다. JTBC 보도본부가 사활을 건 진실싸움의 중심에 서 있었다. 언론의 힘이 얼마나 중요한지를 깨닫는 계기였다. 앞으로 우리는 눈을 부릅뜨고 권력의 감시자가 되어야 할 것이다.

우리 대통령은 왜 이리 비참한 최후를 맞이해야 할까. 제대로 임기를 마친 대통령이 몇이나 되는가. 이제 언일 보도되는 대통령의 치부를 보며 원망하기에도 지쳤다. 대통령이라 해서 특별한 사람이어야 할까. 한 가정의 부모요 보통의 상식을 가진 형제 같은 사람이면 될 것이다. 더 이상 이러한 일이 없도록 국민의 존경을 받는 지도자가 뽑히기를 바랄 뿐이다. 다만 4년간 국가를 이끌었던 분이 영어의 몸이 되었으니 어떻게 해야 할지 걱정이다.

지난겨울 모진 추위에도

"이게 나라냐?"

하며 일어났던 촛불의 힘은 따사로운 봄 햇살처럼 서광으로 이어지기를 소망한다. 꼭 좋은 지도가가 나타나길 기원하며 꽃구경이라도 떠나야 할까 보다.

(2017. 3. 11.)

탈원전脫原電 가능한가

요즘 탈원전에 대한 논쟁이 격렬하다. 지난 2017. 6. 19. 부산시 기장군 한수원본부에서 문재인 대통령이 탈원전脫原電을 선언하면서부터다. 대선후보시절부터 일관되게 탈원전을 주장해온 터였다. 최고지도자로서 국민을 안전하게 지키겠다는 의지에는 공감하면서도 경제여건에 비추어 부담으로 다가올 국민의 저항을 생각한다면 단계적으로 시도해도 될 성싶었다.

에너지는 인간이 살아가는 데 필요한 자원이다. 갈수록 증가해 가는 에너지 수요를 원전이 많은 부분 감당해 왔다. 과거에는 태양에너지를 직접 이용하거나 나무나 풀 같은 식물을 이용하며 살아왔지만, 문명이 점점 발달하면서 19세기에는 석탄과 석유 같은 화석에너지로, 또 20세기 중반부터는 원자력에너지로 개발하여 사용하기에 이르렀다.

원자력은 과거 군사적 목적으로만 사용해 왔으나, 에너지자원으로 사용한 지도 오래되었다. 우리나라같이 부존자원이 부족한 나라의 경우, 화석(화력 · 석탄 등) 에너지를 대체할 유일한 수단이 되고 있으니 고마운 존재가 아닐 수 없다. 환경을 훼손하지 않으며 삶의 질을 제고시킬 수 있다면 두 마리 토끼를 잡는 일이다. 하지만 유사시 엄청난 부담을 안아야 한다.

그동안 우리 전력은 원전이 31.5%를 감당해 왔다. 석탄 화력이 39.5%, LNG(액화천연가스) 19.9%, 신재생에너지 4.4%, 기타 4.6%를 분담하고 있다. 하지만 석탄 화력은 파리기후협정에 따라 대기오염원이 되고 있는 경유차를 줄여나가는 추세다. 앞으로 더 넓혀야 할 분야는 LNG나 신재생에너지다. 그럼에도 생산비용(kwh당)이 원전의 경우 62원으로 석탄 화력(68원), LNG(169원), 신재생에너지(186원)에 비해 월등히 저렴하기 때문에 원전의 유혹을 떨쳐버리지 못한다.

일본은 2011년 쓰나미로 인한 '후쿠시마 원전 사고'를 겪으면서 원전 가동 제로(zero)를 선언했었다. 2030년대는 원전 없는 사회를 만들겠다던 야심찬 계획을 밝혔던 일본정부는 산업경쟁력 약화란 이유로 당초 계획을 취소하고 최근 재가동을 준비 중에 있다. '그래도 원전이다.'로 돌아간 것이다. 5년 연속 무역적자를 기록하면서 가정용 20%, 산업용 30%의 전기료 인상에 따른 국민적 저항을 이겨내지 못한 탓이다.

유럽 국가 중엔 독일과 이탈리아, 벨기에, 스위스가 원전 전면폐쇄를 선포하며 EC 국가들의 동참을 촉구하고 있다. 지구 온난화 방지를 위해서 네덜란드와 노르웨이는 2025년까지 휘발유와 경유 차량을 퇴출하기로 했다. 그럼에도 원전 의존율이 높은 프랑스와 영국, 스웨덴 등은 꿈쩍도 하지 않고 있다. 미국도 마찬가지다. '원자력은 위험하니 없애라.'는 경고보다는 '핵 조심'이라는 구호를 붙여놓고 안전한 원전을 만들어야 한다고 항변하고 있다.

인간은 유용한 도구를 만들어내고, 그로 인해 화를 당하기도 한다. 전기로 사용될 때는 유용한 자원으로 쓰이지만 핵무기로 사용되거나 체르노빌(1987년), 후쿠시마(2011년)와 같은 원전사고가 발생하면 무서운 화를 당할 수 있기 때문이다. 그렇다면 안전한 원자력을 개발해 나갈 수는 없을까? 테러 등 새로운 위협에도 불구하고 원전의 경제적 이점 때문에 발전소 건설을 포기하지 못하는 이유가 여기에 있다.

후쿠시마 원전 사고 이후 세계는 크게 변하고 있다. 그동안 에너지원의 큰 비중을 차지하던 화석 에너지 공급도 파리기후협정에 따라 줄여 나가지 않던가. 원전을 운영하는 31개국 중 자국의 이해관계에 따라 경제적 효용성과 환경적인 위험성이 서로 극명하게 갈등하면서 미묘한 차이를 보이고 있다.

잘 알다시피 원전은 매우 위험한 불이다. 그러나 원자력 없이는 희망찬 미래를 만들어가기 어려운 것도 사실이다. 경제발전의 동력이 되던 에너지체계를 사전 준비없이 갑자기 변경할 경우 심각한 경제적 위기에 봉착할 것이다. 특히 30%의 공정을 보이고 있는 고리 5 · 6호기 건설 중단은 너무 성급한 판단이 아닐까 싶다.

정부가 탈원전을 선포한 것은 원칙적으로 잘한 일이다. 다만, 지금까지 추진한 것은 인정하고 아직 시행되지 않은 원전시설에 한하여 취소하면 좋을 것이다. 대안 없이 생산원가가 가장 높은 신재생에너지에 모두를 의존한다면 물가 인상은 물론 전기료 인상은 불을 보듯 뻔한 일이 아닌가?

감히 바라기는 원자력에 의한 에너지 공급비율을 20%선으로 조정하고, 에너지기본계획을 확정하여 질서 있는 에너지정책을 추진하기 바란다.

(2017. 7. 13.)

〈동주〉 영화를 보고

시인 윤동주의 〈서시序詩〉를 모르는 사람이 있을까. 일제 강점기 학생의 신분으로 일찍이 문단에 데뷔하여 저항하였던 시인이다. 우리 부부는 최근 극장가에서 인기리에 상영되고 있는 영화 〈동주〉를 관람했다. 당시 우리 민족의 잊을 수 없는 속박과 고통이 스며 있기에 관심이 끌렸으리라.

> 죽는 날까지 하늘을 우러러 한 점 부끄럼이 없기를/ 잎새에 이는 바람에도 나는 괴로워했다/ 별을 노래하는 마음으로 모든 죽어가는 것을 사랑해야지/ 그리고 나한테 주어진 길을 걸어가야겠다/ 오늘 밤에도 별이 바람에 스치운다.
>
> – 윤동주의 〈서시〉

나라가 어려움에 처해 있는 현실에서 작은 바람결에도 괴로워했던 시인이다. 잎새에 이는 바람은 일제강점기에 모진 압박과 수탈을 보면서 괴로워했다는 뜻이다. 광복을 기다리며 개개인을 모두 사랑하고픈 소망이 흠뻑 담겨있다. 밤하늘의 별을 보며 한 자 한 자 시어를 적어 나갔을 시인의 가슴은 오직 조국의 독립을 위해 투신할 용기를 각오하고 있었던 사람이다.

시인 윤동주를 소개하다 보면 순국열사 송몽규가 떠오른다. 이 영화에서도 같이 등장하는 인물이다. 이들은 모두 북간도 용정(지금은 중국 길림성)에서 1917년 같은 해에 고종사촌으로 태어났다. 용정에서 중학교까지 같이 다녔으며 연희전문을 거쳐 일본에서 공부한 수재들이다. 스물여덟 타계하기까지 서슬 퍼런 치하에서 학생의 신분으로 저항시를 쓰며 독립운동을 하다가 생체실험대상으로 요절한 희생양들이다. 친구이자 사촌간인 이들은 끈끈한 우정도 그렇지만 암울했던 시대의 이미지가 오버랩 되어 가슴이 먹먹해진다. 윤동주는 해방을 불과 여섯 달 남겨놓고, 몽규는 4개월 남겨놓고 일본 후쿠오카 감옥에서 삶을 마감했다.

우리는 시인 윤동주은 잘 알아도 송몽규는 별로 알지 못한다. 송몽규는 시인 윤동주의 조연으로 잠깐 스칠 뿐이다. 그러나 결코 윤동주의 민족사와 문학사적 가치를 높이는 배경으로만 취급할 만큼 가볍거나 미미한 존재가 아니었다. 독립투쟁과 직결된 그의 생애가 그렇고 동아일보 신춘문예 당선과 일본감옥에서 생체실험의 희생물이 된 그의 최후가 그렇다.

윤동주 시인은 그의 죽음을 애통해한 친구와 남아 있는 가족들이 그의 남기고 간 시들을 모아 추모한 것이 해방 3년이 지나서 초판되었다.

그 시집 발문을 중견시인 정지용 선생이 씀으로써 무명의 윤동주는 일약 시인으로 탄생되었고 꽃다운 죽음으로 민족사에 의미를 획득하게 된 것이다. 그럼에도 송몽규는 죽음 후 그를 뒷받침해 줄 만한 환경이 되지를 못 했다.

여기서 몽규와 동주를 대비시킬 필요는 없다. 몽규는 행동하는 작가였고, 동주는 성찰하는 작가였다. 영화 말미에 몽규의 시도가 실패하고 동주에게 고향으로 같이 떠나자고 했을 때 상황은 역전된다. 동주는 잠시 남아 있어야 하는 이유가 있었다. 행동에는 응당 성찰이 필요하고, 성찰을 하다 보면 행동으로 나타나게 마련이다. 둘은 모두 성찰하고 행동하는 작가였다. 역사의 수레바퀴 안에서 제대로 꽃을 피우지 못한 게 한스러울 뿐이다. 동주에게 몽규는 지혜로움의 전형이었다. 몽규는 신춘문예에 당선되었고, 교토제대에 합격한다. 동주는 그러지 못했다. 몽규는 동주에게 '너는 계속 시를 쓰라'며 문학 영역에 계속 남아 성장하길 원하고 있었다. 시라는 영역에서 동주는 지혜롭다. 능력이 있고 탁월한 인물이었다. 그러나 송몽규는 불행하게도 그러한 역사 발견의 뒷받침이 없는 채 세월이 흘러가고 말았다. 서울에 학연이 많지 않았고 그렇다고 남다른 생애와 문학을 소개할 만한 친척도 서울에 살지 않았다. 송몽규의 묘는 윤동주의 묘와 멀리 떨어져 있다가 윤동주의 묘역 옆으로 이장한 지 오래되지 않았다.

일제 강점기 우리 민족이 얼마나 수난을 당해야 했던가 늘 더듬어보고 각오를 새롭게 해야 함을 알았다. 빛도 없이 이름도 없이 사라져간 독립운동가들이 얼마이던가. 과거없이 현재가 있을 수 없는 일이다. 지난 과거를 바로 아는 것은 오늘을 바로 살게 하는 나침반이 되기 때문이다. 동주와 사촌지간이면서도 인생의 평생 벗이었던 몽규, 그들의 넋이 결코 헛되지 않도록 아리랑정신을 되새겨야 하겠다.

(2016. 3. 20.)

영화 〈택시운전사〉

숨막히는 찜통더위에 영화관처럼 좋은 피서지도 없다. 섭씨 34도를 오르는 날씨에 아내와 같이 영화관을 찾았다. 광주사태를 배경으로 한 영화 〈택시운전사〉는 개봉 5일 만에 5백만 명의 관객을 돌파했다니 그동안 숨겨진 사연들로 기대가 컸던 모양이다. 매표창구에서는 한산한 듯 보였지만 들어가 보니 객석은 가득 차 있었다.

내가 공무원으로 있던 1980년 5월, 광주민주화운동은 꿈틀대고 있었다. 당시 전주시청에 근무하면서 우리 일행은 춘천의 전국소년체육대회 준비 상황을 보기 위해 서울을 거쳐 춘천을 방문하던 중이었다. 5월 17일 한양대학교 주변에는 학생시위가 격렬하여 군용 트럭과 장갑차 수백 대가 이동하고 있었으니 우리는 망우리 도로변에서 두 시간 이상을 기다릴 수밖에 없었다.

저녁 어스름이 짙어올 무렵 우리는 춘천으로 출발하게 되었고, 5월 18일 광주사태가 발발한 날에도 감감무소식이었다. 일부 시민들이 폭도가 되어 방송국을 부수고 차량을 탈취하여 시위를 벌인다는 소문만이 흉흉하게 나돌 뿐 아무런 실상도 보도되지 않았다. 요즘처럼 스마트폰도 없었으니 카톡을 주고받을 수 없었다. 군부세력이 언론사를 완전 통제하고 있었던 터라 삼엄하기 이를 데 없었다.

영화의 줄거리는 당시 실제상황을 영화한 것이니 후일 밝혀진 내용과 크게 다르지 않았다. 해외기자들이 먼저 알고 이를 취재하기 위해 일본을 거쳐 서울로 몰려들었지만 광주 진입은 꿈도 꾸기 어려웠다. 곳곳에 바리케이트를 치고 군인들이 검문을 하며 전면 통제가 이루어지고 있었다. 광주의 진실을 숨겨야 할 상황에서 외신기자의 취재는 더없이 치명적이라 판단했을 것이다.

이때 서울에서 택시운전을 하던 김만섭(배역 송강호)은 왕복 10만 원을 주겠다는 말에 선뜻 마음이 끌려 독일기자를 광주까지 안내하기에 이른다. 군인들은 각지에서 들어오는 차량을 통제하고 있었으니, 정상적인 방법으로는 어느 누구도 광주 진입이 불가능했었다. 김만섭은 비포장 산길로 광주 진입에 성공했다. 광주시내 시위현장 취재하는데 대학생 류준열이 통역요원으로 합류했다. 5월 18일은 여기저기서 총격전을 벌이게 되었고, MBC광주방송국이 불타는 것으로 그 정점에 치달았으며 사상자가 수없이 발생하고 있었다. 병원은 폭주하는 환자들로 아수라장인데도 군부가 전남매일 등 지역신문을 완전히 장악하였으며 시민을 폭도로 계속 보도하고 있었다.

택시운전사는 죽을 고비를 당하면서도 독일기자의 취재를 적극 도왔고, 시위현장 및 사상자들이 병원에 실려 오는 장면을 생생하게 취재하도록 지원했다. 옆에서 통역하던 학생 류준열은 취재진을 도왔다는 이유로 총탄에 맞아 잔인하게 죽어갔다. 결국 버틸 수 없는 상황에 이르자 택시운전사는 독일기자와 함께 광주를 어렵게 빠져나가 김포공항에서 일본행 비행기를 타고 탈출에 성공한다. 그때서야 외국언론의 보도를 통해 광주사태의 심각성이 처음으로 공개되었고, 생생한 그 실황이 전 세계에 알려지기 시작했다.

훗날 독일기자(히츠페더)는 당시 목숨을 걸고 취재를 도왔던 택시운전사를 찾으려 여러 번 한국을 방문했으나 끝내 찾지 못했다. 헤어지면서 '김사복'이라는 가명을 알려 주었으니 헛수고일 뿐이었다. 한편 택시기사는 자기를 찾고 있다는 사실을 알면서도 '내 할 일을 했을 뿐인데.' 하며 나서지 못한 것은 당시 그 가해자들이 살아있는 상황에서 후환이 두려워 섣불리 나서지 못했다는 후문이다.

광주민주화운동은 당시 정권을 쟁취하려던 군부세력이 일반시민들에게 가해진 잔인한 살상행위였음은 두말할 나위가 없다. 시위는 비단 광주뿐 아니라 서울, 부산 등 각 대도시에서 격렬하게 일어났지만 유독 광주를 총격전의 진원지로 택한 것도 지역 간의 갈등을 조장하여 정당성을 확보하려는 깊은 속내가 숨어 있었다.

택시운전사가 베푼 정성은 대한민국을 대표했고 민주화의 열망을 외국기자를 통하여 열매 맺도록 하는 기회가 되었다. 잘 배우고 똑똑한 사람만이 애국하는 것이 아니라 이처럼 평범한 시민도 진정한 마음으로 나라를 위하여 일할 때 얼마든지 애국자가 될 수 있다는 것을 깨닫게 해주었다.

이제 37년이 흘렀어도 어둠의 그림자는 아직도 가시지 않고 있다. 그 주변에서 맴돌던 극우세력이 이 사회에 속속 박혀 바른말을 하면 좌파니 빨갱이니 편을 가르고 있다. 젊은이들이 피 흘려 이룬 민주화가 더 아름답게 꽃피울 수 있도록 우리 모두 힘을 모을 때려니 싶다.

(2017. 8. 8.)

민주화의 고귀한 희생

-〈1987〉 영화를 보고-

민주화의 길이 이처럼 멀기만 한 것일까. 법은 멀고 주먹은 가까웠다. 살아있는 권력 앞에 법은 조롱당하듯 휴지조각에 불과했다. 이제야 민주화가 오려나 마음 조렸던 순간에 수많은 젊은이들이 피를 흘리며 총부리에 맞서야 했던 가슴 아픈 시절이었다. 어렵사리 되찾은 민주화도 하루아침에 검은 세력에게 유린당하였다. 동트기 전 새벽이 그렇게 어둡다고 했던가.

며칠 전 아내와 함께 〈1987〉 영화를 감상했다. 〈응답하라 1987〉 속 시원히 밝히지 못했던 피묻은 상황을 영화로 제작한 것이다. 광주민주화운동 이후 온 나라는 시위로 그칠 날이 없었다. 물리적 충돌은 당연한 일, 애잔한 젊은이들을 희생시키며 잡은 정권을 누가 인정하겠는가. 〈그날이 오면〉 노래를 부르며 일어나는 시위함성은 학생과 시민 NGO단체를 중심으로 번져나갔다. 정부는 시위에 참가한 무고한 시민들을 빨갱이로 몰아가고 있었다.

"빨갱이 잡는 데 방해하는 간나들은 무조건 빨갱이로 간주하겠어."

안기부安企部가 주동이 되어 정권에 반기를 드는 이들을 모두 잡아들였다. 1987년 1월 시위는 격렬하게 번져갔다. 광주사태 이후 그 대표적인 인물이 김대중 이부영이었다. 총칼로 정권을 잡은 군사정권은 멀쩡한 시민을 빨갱이로 몰아 사형선고까지 내리는 무서운 드라마가 전개되고 있었다. 옆에 있던 아내는 그들을 고문하고 폭력으로 진압장면을 보면서 내내 울먹이고 있었다.

1987년 1월 하숙집에 있던 박종철(서울대 언어학과)은 느닷없이 연행되어 시위주모자로 지목되던 P모 씨의 거처를 캐물으며 고문을 받다가 사망한 것이다. 군부는 이 사실을 은폐하기 위하여 “내일 해 뜨기 전에 당장 화장하라우.” 지시를 내렸다. “책상을 탁 치니 억하고 쓰러졌다.”고 왜곡하려 했다. 담당검사는 “어떤 부모가 서울대 다니는 아들이 죽었는데 확인도 안 하고 태우라 하겠나.” 부검을 지시한 담당검사는 용감한 의인이었다. 결국 이 사건이 불에 기름을 붓듯 도화선이 된 것이다.

당시 영등포교도소에 수감 중이던 시민운동가 이부영(전 국회의원)은 교도소에 붙잡혀온 시위 가담자들을 통해 현장소식을 생생히 알게 되었다. 감방 안에서 전해들은 증언내용을 〈선데이 서울〉 잡지에 소상히 적어 교도관에게 전달했고 또 명동성당에 은신 중이던 민주투사 김정남을 통해 천주교 정의구현사제단에서 언론에 발표하기에 이른 것이다. 언론이 철저히 통제되던 광주민주화운동 당시에도 외신기자들을 통해 간신히 보도되지 않았던가.

하늘을 가리려던 그들에 맞서는 일은 죽음을 각오해야 했다. 30여 년이 지난 이제야 이 영화는 당시 생존자들과 수많은 증언으로 제작된 것이다. 어떤 위협에도 굴하지 않았던 희생자들이 있었기에 오늘의 자유를 누리며 존재하고 있는 것이다. 자기들의 흔적을 정당화시키려 무고한 시민을 폭도로, 간첩으로 몰아붙였던 가해자들이 요소요소에 박혀 있으니 입이 있어도 말하지 못했던 것이다.

박종철이 그처럼 고문으로 죽어가면서도 알려주지 않았던 박모 씨는 그 후 한나라당으로 공천을 받아 국회의원을 세 번이나 도전했다니 그 배신감은 참을수 없는 일이었다. 어디 이런 사람이 한두 사람인가. 돈으로 권력으로 회유하며 편안하게 살게 해주겠다니 넘어간 것이다. 민청학련사건으로 사형선고를 받아 오랫동안 옥살이를 했던 김지하 시인도 살아있는 권력 앞에 굴복하고 적극적인 후원자가 되어 입을 다물었다.

민주화를 외치던 시민들은 일제시절 해방을 애타게 염원하던 시민의 마음과 다를 바 없었다. 1987년 1월 독재정권에 저항했다는 이유만으로 박종철이 희생되었고, 6월 9일 연세대생 이한열 학생이 최루탄에 맞아 희생된 사건은 군부의 항복이나 다름없는 6 · 29선언을 앞당기에 했다. 결국 헌법개정과 대통령직선제의 꿈을 일구어냈다.

과거 향수에 젖어 아직도 태극기를 흔드는 사이비 애국자들이 있다. 그 추종자들은 잠깐 숨었다가 다시 돋아나는 독버섯처럼 시와 때를 기다리고 있으니 한시도 마음을 놓을 수 없는 일이다. 항상 역사는 성공한 권력자들의 전유물이었다. 수단과 방법을 가지리 않고 자리를 차지하면 비린내 나는 그 과정을 미화하려는 것이 그들의 습성이었다. 옳고 그름의 문제가 아니며 정의는 항상 승자 편이었다.

먼저 간 민주열사들의 고귀한 희생이 헛되지 않도록 우리들이 잘 가꾸고 지켜나가야 한다.

(2018. 1. 15.)

무신불립無信不立

《논어》'안연편'에 "양식을 풍족하게 하고(足食), 군대가 충실하면(足兵) 백성이 정부를 믿게 되어 있다(民信)."는 공자의 가르침이 있다. 이중 한 가지를 포기해야 한다면 병兵을, 하나를 더 버려야 한다면 식량을 버려야 한다는 것이다. "예로부터 사람은 다 죽음을 피할 수 없지만, 백성의 믿음이 없이는 나라가 서지 못한다(自古皆有死 民無信不立)."는 뜻이다.

요즘 나라가 더없이 시끄럽다. TV를 켜도, 신문을 뒤적여도 온통 대통령 이야기로 도배를 하고 있으니, 개인이 국정을 농단하고 국가의 최고통치권자인 대통령의 권위가 땅에 떨어지고 짓밟혀 만신창이가 되고 있으니 이를 지켜본 국민들은 분노와 무기력증으로 집단우울증에 빠져들고 있다.

지난 10월 24일 저녁 JTBC 뉴스에서 대통령의 연설문 및 국정자료가 유출되어 최순실 씨가 국정에 속속들이 관여했다는 사실을 보도하면서부터였다. 비선실세로 밝혀진 최순실 씨가 독일로 출국하면서 미처 짐을 정리하지 못한 태블릿PC를 JTBC 기자가 창고에서 발견하여 입수한 것이 그 단초가 되었다. 문제의 PC는 2012년 6월~ 2014년 3월까지 최순실 씨가 사용하던 것이란다.

개인에게 국가의 기밀이 새어나가 국가기강이 무너지고 있었다는 방증이다. 오랫동안 그림자처럼 대통령을 따라다녔던 최순실 씨의 PC를 입수한 것이니 발뺌할 수도 부정할 수도 없는 일, 그 다음날 대통령이 그 사실을 인정하고 사과 발표를 했지만 걷잡을 수 없는 소용돌이에 휘말리고 있다. 국가정책에 손을 대고 대기업으로부터 불법자금을 모으며 예산은 물론 정부인사에 깊숙이 개입했다는 정황이 드러나고 있다.

최고 권력자의 뒤에 숨어 주요정책을 조정하며 이권사업에 관여했다는 의혹에 온 국민은 분노하고 허탈해 했다. '돈도 실력이다.'라며 큰소리쳤던 최순실 씨의 딸은 이화여대 부정입학의혹에 휩싸이고 있다. 그간 소통疏通과 인사정책에 수없이 문제가 제기되었음에도 개선되지 못하여 국민의 신망을 잃은 지 오래다. 그 엄청난 국정의 실질적 권한을 행사하도록 허용하며 공과 사를 구별하지 못한 당사자는 누구인가.

증세없는 복지는 허구임을 지적하고 주권재민의 헌법정신을 강조한 유승민 의원 등 바른말을 하는 참모들을 배신자로 낙인 찍어 몰아냈다. 오직 그분 앞에서 달콤한 말만 하는 사람으로 줄을 세워 나라를 이끌고 갔으니 이제라도 터진 게 얼마나 다행인가. 통일대박을 외치다가 개성공단을 폐쇄하는 극약처방을 내리는 등 북한과 첨예한 대립을 계속하더니 안보는 더욱 위기국면으로 치달았다.

우리는 한 가지를 터득하는 데 비싼 대가를 치러야 했다. 독재를 딛피하기 위해 그간 수많은 젊은이들이 피를 흘려야 했으며 이제야 겨우

민주화의 기반을 만들어 냈건만 또다시 그 딸이 대통령이 되어 제 아버지의 동상을 세우고 새마을사업을 재현하며 국정교과서 개편작업을 강행하고 있다. 어렵게 되찾은 민주주의가 다시 과거로 회귀하는 것 같아 두려움이 앞선다. 차제에 검찰은 성역없는 수사를 하여 책임을 물어 그 원인을 규명하고 민주주의를 회복하여야 할 터인데 제대로 할지 검찰의 태도가 주목되고 있다.

말을 해야 할 위치에서 침묵하는 것은 죄라 했다. 그간 보수언론은 정치권력의 편에서 눈치를 보며 그들을 계속 두둔해 오지 않았던가. 비린내 나는 흔적들이 곳곳에 숨겨져 있었음에도 몸조심하는 일부 언론사 오너들과 그 밑에서 정확한 진상을 보도하지도 못하고 속앓이를 해온 기자들이 얼마이던가. 이번 사건을 보도하면서 용감하게 취재하여 보도했던 JTBC에 찬사를 보낸다. 2년 전 세월호 침몰사고 때도 끝까지 팽목항에 머물면서 생생하게 보도했던 그들이었다.

지금 우리는 내우외환에 직면해 있다. 북한은 핵무장으로 안보를 위협하고, 미국은 보호무역을 주창한 '도널드 트럼프'가 당선되어 FTA재협상, 관세인상 등으로 우리 경제에 먹구름을 드리우고 있다. 당장 대미수출은 물론 내수에도 영향을 미칠 것이기 때문이다. 위기는 기회라 했다. 모든 정치인들은 신뢰를 회복할 수 있도록 지혜를 모아주길 바란다. 백성의 믿음이 없이는 나라가 서지 못한다民無信不立는 성현의 가르침이 가슴 깊이 다가오는 것은 나만의 생각일까.

(2016. 11. 10.)

평창 동계올림픽과 감동

올림픽처럼 세계인이 하나 되는 일이 있을까? 인류가 만들어낸 최대의 축제가 올림픽이다. 세계인들의 이목이 집중되는 가운데 평창 동계올림픽이 성공적으로 끝이 났다. 92개국 2,920명의 선수단이 참가하여 17일간 열전을 펼치던 축제였으니 종목마다 한 편의 드라마였다. 손에 땀을 쥐게 하는 우주쇼나 다를 바 없었다. 불과 3~4개월 전만 해도 북핵 위기로 안보가 염려되어 일촉즉발의 상황을 맞을 수도 있겠구나 싶었다.

다행히 북한의 참가가 확정되고 여자 아이스하키 남북 단일팀이 확정되는 순간 평화올림픽으로 분위기는 반전되어 갔다. 일각에서는 평양올림픽이라는 비난과 갑작스런 단일팀 구성은 무리라는 의견도 없지 않았다. 나무를 보고 숲을 보지 못하는 우를 범하지 않기 위해 때로 작은 것을 양보해야 했다. 아이스하키팀은 연습의 기회도 없이 12명을 북측선수로 교체하였으니 열세일 수밖에 없었다. 초반부터 유럽 강호들을 만나 승리를 거두지는 못 했지만 남과 북이 함께하는 단초가 되었음은 두말할 여지가 없었다.

북측의 선수단은 총 22명, 아이스하키 12명을 제외하면 개인전에 출전한 10명에 불과했다. 모든 일이 그렇지만 과정이 무시된 채 결과만을 의식하면 화합과 흥행을 이룰 수 없다. 승패를 떠나 서로가 서로를 응원해주고 박수를 쳐주는 것이 스포츠정신이요 축제의 한마당이었다. 모처럼 마련된 남북의 화해무드에 서로 박수를 쳐주고 가까이할 수 있는 유일한 기회였다.

우리의 강점은 단연 스피드스케이팅이다. 숏트랙과 스피드스케이팅을 규합한 매스 스타트 종목에서 이승훈 선수가 금메달을 따는 순간 온 국민은 열광의 도가니였다. 트랙 16바퀴 중 14바퀴에 불이 붙기 시작하여 마지막 바퀴에서는 폭발적인 스피드와 압도적인 코너링으로 가장 먼저 결승선을 통과하는 기염을 토했다. 그야말로 이승훈은 선배 전이경과 함께 스피드스케이트의 살아있는 전설이 되었다.

스피드 스케이팅(500M)에서 은메달을 목에 건 이상화 선수는 세계적 이목이 집중되고 있었다. 밴쿠버와 소치올림픽에 이어 3회 연속 금메달을 노리는 무서운 선수였기 때문이다. 일본의 '고다이라 나오' 선수가 오래전부터 그 자리를 노리고 있었으니 더없이 부담스러웠을 것이다. 결국 은메달에 머물렀지만 이상화 선수는 최선을 다하고 있었다. 결승선에 도착하는 순간 눈물을 쏟아내고 있었다. '잘했다. 너를 존경한다. 네가 자랑스럽다.' 두 선수는 서로를 격려하며 얼싸안아주었다. 어깨동무를 하며 트랙을 도는 순간은 나도 모르게 눈시울이 뜨거워졌다.

비인기 종목임에도 관심을 끄는 종목은 단연 컬링이었다. 경북 의성의 동네 친구들끼리 시작한 컬링은 4년 전 소치올림픽부터 출전하여 관심을 끌기 시작하더니 이번에는 결승전까지 올라가는 악바리들이었다. 준결승전에서 일본과의 경기는 가슴을 조이며 꿈에도 상상하지 못했던 통쾌한 승리를 안겨주었다. 또 결승전에서 스웨덴과의 경기는 아쉽게 패하여 은메달에 머물렀지만 한 마을 언니 동생들이 일구어낸 자랑스러운 쾌거요 감동의 드라마였다.

폐막식에서 밤하늘을 아름답게 수놓은 드론, 로봇의 향연은 개최국으로서 IT 강국의 이미지를 마음껏 과시해 주었다. 하계올림픽에서 마라톤이 그렇듯이 동계올림픽에서는 '크로스컨트리'를 폐막식에서 시상하기 마련이다. 여자는 노르웨이 핀란드 스웨덴이, 남자는 핀란드 러시아가 메달을 휩쓸었다. 역시 동계스포츠는 동유럽이 그 위력을 보여주고 있었다. 대회기가 중국 베이징 시장에게 이양되고 '2022년 베이징에서 만나요' 음악이 울려 퍼지며 성화는 꺼져갔다.

남과 북이 하나 되고 응원하는 모습은 가슴 벅찬 감동이요 평화축전이었다. 북한이 비핵화에 동참하고 개혁개방에 앞장선다면 북한의 경제는 몰라보게 달라질 것이다. 모처럼 타오른 평화의 불씨가 꺼지지 않도록 세계인들이 지켜보는 앞에서 자랑스런 대한민국의 역사를 다시 쓰기를 기대한다.

(2018. 3. 1.)

No혼婚 No산産

손자들이 오는 날이면 사랑하는 임을 기다리듯 마음이 설렌다. 청소를 하고 방을 데우며 귀한 손님(?) 맞이 준비에 바빠진다.

"할아버지, 사랑해요!"

달려드는 아이들이 더없이 사랑스러워 모든 것을 주고 싶다. 하얀 종이에 그림을 그리듯 천진난만하고 티 없는 아이를 기르는 일처럼 소중하고 행복과 기쁨을 주는 일이 어디 있을까?

얼마 전 SBS TV에서 〈No婚 No産시대〉란 프로가 방영되었다. 유명대학을 나와도 직장을 구하지 못하니 결혼과 출산을 포기하는 젊은이들이 속출하고 있단다. 청년실업률 9%, 취업을 해도 비정규직이 37.5%라니, 내일의 희망에 부풀어야 할 청년들의 울상은 깊어만 가는 모양이다. 쇠도 녹인다는 젊은 나이에 미래가 불투명하니 결혼은 언감생심焉敢生心 사치에 불과하단다.

더욱이 부부 맞벌이가 당연시되는 요즘 여성들의 육아환경은 더없이 중요하다. 직장마다 경우가 다를 수 있지만 퇴근시간을 예측할 수 없는 곳이 많다. 단순하고 반복적인 일이야 정시퇴근이 가능할 일이지만 그렇지 않을 경우, 연장근무가 불가피할 수밖에 없다. 그러기에 육아는 여성뿐 아니라 남성도 함께 분담하지 않으면 안 되는 시대가 되었다. 사회가 많이 변하고는 있지만 육아환경을 과감하게 개선해 나가지 않으면 출산을 기피할 수밖에 없을 것이다.

이웃나라 일본은 출산율 최악의 해인 2005년도(1.26%)를 기점으로 '저출산의 나라' 오명을 벗어나고 있다. 오끼나와현은 출산율 1.94명(일본평균 1.45명)으로 가장 높은 도시가 되었다. 직장에 다니면서도 육아育兒에는 아무런 어려움이 없도록 직장마다 근무시간을 탄력적으로 조정해주고, 또 야근금지 및 휴일근무방지법을 법제화하여 눈치 보지 않고도 당당히 퇴근할 수 있는 기반이 마련된 것이다. 그래서일까? 가정마다 3~4명의 자녀를 둔 여성이 많으며, 출산으로 직장을 그만둔 사례는 거의 찾아볼 수 없단다.

유럽의 복지국가 스위스나 덴마크는 오래전부터 교육과정을 취업에 초점을 두고 있었다. 중학교를 졸업하면 고등학교부터 대학까지 적성에 따라 맞춤형 직업교육으로 이어진다. 대학과정부터는 현장학습과 직장 일을 병행하며 생활비를 지급받는다. 대학을 졸업하면 당연히 수준에 맞는 현장으로 배치되기 때문에 취업 걱정을 하지 않아도 된다니 부러울 따름이다. 하늘의 별따기만큼이나 취업이 어려운 우리 현실에서 현재의 교육제도 이대로 좋은지 법과 제도를 바꾸어서라도 검토해 볼 일이다.

OECD 국가 중 우리나라의 출산율은 최하위(0.97명)권이다. 부부가 한 명도 채 안 낳는다는 계산이다. 떡이 있어야 굿을 하듯 나라에는 생산과 소비의 주체인 국민이 있어야 무엇이든지 할 수 있다. 국민이 그 나라의 국력이요 사회존립의 기반이다. 통계청은 저 출산의 요인을 자녀양육에 따른 경제적 부담(64.3%)과 일과 육아 양립문화 미흡(33.3%)이라고 밝혔다. 우리도 유럽형 선진국 사례를 벤치마킹할 수는 없을까.

젊은세대가 휘청거리고 약극화가 심하게 나타나고 있다. IT 강국의 나라, GDP는 3만 불을 육박하고 경제사정은 좋아진다는데, 살기는 왜 이리 어려울까. 혈기왕성한 젊은이들이 일선에서 꿈을 펼쳐야 할 터전이 없다면 국가적으로 큰 손실일 뿐이다. 젊어서 경제활동을 하며 가정을 꾸리고 아이를 기르는 일은 당연한 순리인데 취업이 어렵다 하여 결혼과 출산을 기피한다면 행복을 포기하는 일이니 말이다.

길을 가다 보면 고속도로가 있고 국도와 지방도가 있기 마련이다. 울퉁불퉁한 자갈길도 아기자기한 코스모스 길도 있지 않던가. 많은 사람들이 가는 그 길은 좁은 문일 수밖에 없는 법, 비록 비포장도로를 가듯 힘들고 어려운 길일망정 창업을 하는 마음으로 가다 보면 이른 아침 동녘 하늘에 여명이 밝아오듯 희망의 싹이 돋아날 것이다.

가정이 행복해지려면 가정삼성家庭三声 즉 어린아이 웃음소리, 책 읽는 소리, 일하는 소리가 있어야 한다고 한다. 아이가 있어야 희망을 꿈꿀 수 있고 공부를 하며 일하는 사람이 있어야 건강한 가정이 이루어진다는 뜻이다. 피할 수 없다면 즐기라 했듯이 젊은이들이 겪을 수밖에 없는 관문, 취업의 문턱에서 조금만 참고 노력한다면 'No婚 No産' 용어가 무색해질 것이다.

아이를 기르느라 오랜 기간 휴직을 했던 며느리의 셋째 아이 임신 소식에 박수를 보낸다.

(2017. 11. 15.)

김정은이 변했을까

분단의 아픔을 겪지 않고 누가 그 설움을 알까? 지척에 부모 형제를 두고도 70여 년을 기다림 속에 살아왔으니, 이산가족들의 눈물도 마르고 가슴에 한이 사무친 지 오래다. 그간 주변국들의 이해관계로 동족이 남과 북으로 나뉘어 적대적으로 살아왔다. 남한은 어렵게 자유를 찾았지만 북한은 3대를 세습하며 독재의 그늘에서 헤어나오질 못 하고 있으니 그저 가슴이 아리고 안타까울 뿐이다.

지난해까지만 해도 북한은 핵으로 남한과 미국 본토를 위협하고 있었다. 그처럼 전쟁에 광분하던 김정은 국무위원장이 2018년 4월 27일 판문점으로 내려왔으니 놀라울 일이다. 북핵폐기와 남북관계개선을 위한 남북정상회담을 하기 위해서였다. 세계적인 이목이 집중되는 가운데 10시 30분부터 회담은 시작되었고 저녁만찬에 이르기까지 약 12시간 판문점에 머무르면서 화기애애한 분위기를 이어가지 않았던가? 이제 평화가 오려나 하는 기대감에 온 국민은 마음을 졸여야 했다.

그날 저녁 남북 두 정상은 판문점 선언을 발표했다. 완전한 비핵화와 평화협정, 국방부장관회담, 이산가족상봉, 문재인 대통령의 올가을 평양방 문까지 명기했다. 당사자인 우리 국민은 이를 숨죽이고 지켜봤으며 너 나 할 것 없이 박수를 치며 감격의 눈물을 흘려야 했다. 첫 술에 배부를 수 없듯이 구체적인 세부 일정이나 논의는 앞으로 계속 만나 조율해 나가면 될 것이다. 그토록 공을 들이고 국민은 굶주림에 허덕이면서도 핵개발에 모든 것을 걸었던 북한정권이 왜 이리 변한 것일까?

김정은 국무위원장은 아직 34세에 불과한 젊은 지도자다. 정권을 잡은지 6년에 이르는 동안 국제무대에 한 번이라도 나간 적이 있었던가? 그러던 그가 지난해 11월 29일 탄도미사일 발사에 성공했다며 '국가 핵무력 완성'을 선언한 이후부터다. 중국을 깜짝 방문하고 판문점 선언으로 해빙무드를 주도하고 있는 것이다. 올해 신년사를 시작으로 외교무대에 뛰어들게 되었고, 예상을 뛰어넘은 그 수완을 보여주고 있지 않은가?

무엇이 그처럼 변하게 했을까? 그는 프랑스를 거쳐 스위스에서 9년간 교육을 받은 젊은이다. 중국하고만 교류하던 아버지 김정일과는 달리 스위스에 유학하여 서구의 발전상을 보며 북한경제를 서구식으로 개선할 필요가 있다는 생각도 했을 것이다. 김일성종합대학에서 후계자 수업을 받으며 리더십도 키워나갔을 것이다. 아버지를 닮아 통 크고 유머러스하며 좌중을 끌어안을 수 있는 카리스마를 가지고 있다고 한다. 오히려 아버지보다 판단력이 빠르고 개방된 서양에서의 교육을 통하여 삶의 질이 무엇인지 터득했을 것이다. 또 이웃나라 중국의 변화를 본받고 싶지 않았을까? 1979년 중국의 등소평이 집권하자 개혁개방을 주도하면서 급속도로 변화하고 있다. 국가소유의 땅을 장기 임대조건으로 개인에게 분배해주고 사유경제체제를 받아들이다 보니 하루가 다르게 발전하고 있다. 개혁개방만이 살길임을 눈으로 똑똑히 터득했을 것이다.

문재인 대통령이 중간에 다리를 놓아 준 것이다. 지난해 8 · 15 경축사에서 '한반도 북핵문제의 해결은 핵동결로부터 시작되어야 한다. 국제적 협력과 상생없이 경제발전을 이루는 것은 불가능하다. 이대로 가면 북한에서는 국제적 고립과 어두운 미래가 있을 뿐이다.'라며 즉시 도발을 중단하고 대화의 장으로 나오라고 호소한 바 있다. 핵 없이도 안보를 걱정하지 않을 수 있는 상황을 만들어 가도록 우리가 돕겠다는 의지도 밝혔다.

이에 답이나 한 듯 김정은 위원장은 지난해 11월 핵무력의 완성을 선언하게 되었으며, 이제는 핵 · 경제 병진노선을 접고 경제건설에만 집중하려는 전략을 구상한 것으로 보인다. 이제는 미국과의 관계개선으로 해외자본을 유치하고 핵 폐기를 조건으로 실리를 취하여 점진적 개방을 시도 할 것이다. 그 첫번째가 평창 동계올림픽에 대표단을 파견할 용의가 있다는 신호였다. 가뜩이나 우려하던 국제적 행사에 북측의 참여와 단일팀 구성으로 평화 동계올림픽이 치뤄진 것은 아름다운 모습이 아니던가.

김정은 위원장이 정말 변했을까? 진심으로 그렇게 되기를 바란다.

국가가 발전하고 국민이 잘 살 수 있다면, 그 길을 택하는 것이 당연할 것이다. 독재자의 아들로 태어나 젊은 나이에 정권을 잡았으니 많이 외롭고 누구에게도 털어놓을 수 없는 무거운 짐이었을 것이다. 그들이 마음만 바꾸게 된다면 동족의 아픔을 이해하며 통일의 길로 매진하여야 한다.

한국전쟁(6 · 25)의 틈바구니에서 태어난 나는, 어머니의 품에 안겨 피난을 다니며, 그 무서운 총성에 시달려야 했다. 저공비행하는 폭격기의 굉음에 놀라 목숨을 잃을 뻔했던 그 상흔傷痕이 아직도 얼굴에 남아 있지 않은가? 이제 고희古稀를 바라보면서 통일의 우렁찬 팡파르가 울려 퍼지기를 소망한다. 남과 북이 힘을 함께한다면 세계에서 우뚝 서는 날이 올 것이다.

(2018. 4. 28.)

군산산업단지의 시름

군산을 가다 보면 김제와 만경강 동진강을 중심으로 해발 50m 이하의 호남평야가 펼쳐진다. 이곳은 20세기 이래 대규모 농업개발이 이루어진 우리나라의 최대 곡창지대다. 군산의 내초도와 오식도, 비응도 등 섬 지역은 20여 년 전부터 간척사업으로 바다를 육지로 조성하여 대규모산업단지가 들어섰다.

2004년도부터 들어선 국가산업단지에는 현대중공업과 한국GM이 선두주자로 입주하여 조선업과 자동차산업을 선도해 주었다. 이에 따라 협력업체 등 700여 개 이상의 제조업체도 입주하여 기계 소리가 끊일 날이 없던 지역이다. 서해안을 끼고 아름다운 공원이 들어섰으며, 근로자들이 몰려들면서 자연히 음식업과 숙박업, 아파트, 원룸촌 등 주거단지가 들어섰다, 외국인 근로자들의 유입이 많아 새로운 신도시를 형성했다.

그러던 군산의 경제가 요즘 휘청거리고 있다. 상가마다 사업이 안 된다고 아우성이다. 얼마 전 아내와 함께 군산시내를 둘러보았다. 롯데

마트에서 와이셔츠를 하나 살 요량이었다. 매장은 한산하고 와이셔츠 전문매장은 어디에서도 찾아볼 수가 없었다. CGV 영화관도 한산하기는 마찬가지였다. 세월호 관련 영화 〈바다 그날〉이 상영 중이지만 대합실에는 누구도 기다리는 사람이 없었다. 시내는 곳곳에 '한국 GM 군산공장폐쇄 철회하라', '군산시민 다 죽는다', '현대중공업 살려내라' 등의 현수막이 나붙어 있었다.

원인은 그간 든든한 버팀목이 되었던 현대중공업이 이미 조업을 중단했고, 5천여 명 이상의 사원이 종사하던 한국GM도 사업폐쇄를 결정하여 조업율 10%대 이하로 명맥만 유지하고 있다. 상황이 이렇다 보니 관련 협력업체들도 사업을 중단하거나 탄력을 잃고 떠날 채비를 하고 있다. 산업단지 내 거리에서는 자동차나 사람 보기가 힘들어졌다. 많은 업체들은 궁여지책으로 지붕에 태양광을 설치하여 현상유지에 급급하고 있으니, 산업단지를 조성하여 미처 허리끈을 매기도 전에 한숨을 지어야 할 지경에 이르러 군산 경제에 먹구름이 드리운 것이다.

한국GM도 가동중단으로 지난 10년 간 구축된 시설 및 기술인력 등 사회적 손실액이 4조 원에 이른다는 분석이다. 이들은 저렴한 토지를 분양받아 입주했으며 지역경제에 돌아가야 할 저리의 정책자금도 우선 지원혜택을 누렸던 기업이었다. 대기업으로서 마땅히 져야 할 사회적 책임은 어디로 갔을까? 아무리 이윤추구가 기업의 목적이라지만 수많은 근로자를 거느리던 기업이 일시적인 고통을 참지 못하고 이렇게 허망하게 문을 닫아야 한단 말인가? 땅만 팔아도 손해볼 것이 없으니 훌쩍 떠나도 되는 것일까? 장사에는 상도가 있고 기업에도 기업윤리가 있기 마련 아닌가? 그 피해는 그들을 믿고 사업을 시작한 주변의 자영업자들 떠맡게 되었다.

새만금지역은 2023년 세계잼버리대회를 앞두고 있다. 군산은 그 배후도시로 부상하고 있다. 강원도의 평창동계올림픽이 그렇듯 여기에도 공항은 물론 도로망 등 기반시설이 조속히 이루어져야 한다. 사실 전북권이 30여 년간 새만금사업에 매달리는 동안 전남과 경남에서는 남해안특별법을 제정하여 낙동강유역개발, 순천만정원박람회, 여수해양엑스포를 유치하여 돈벌이를 할 수 있는 황금어장으로 바꾸어놓았다. 오랫동안 공들여 쌓아 놓은 새만금사업이 큰 보람으로 다가올 수 있도록 최선을 다해야겠다.

일제시대에 개항된 역사적인 항구도시 군산은 그 흔적이 서려 있는 근대역사박물관이 있고, 또 금강변에 백릉 채만식문학관과 철새도래지전망대도 있다. 물 맑고 경관이 뛰어난 선유도와 아름다운 고군산군도가 있다. 그 고군산군도를 중심으로 호핑투어(Hopping tour), 수상스키, 갯벌체험 등 서해안의 바다산업을 개발해 나갈 수도 있을 것이다. 대기업의 조업중단으로 어려움을 겪고 있는 영세업자들에게 금융지원을 확대하여 위기를 잘 넘어나갈 수 있도록 정부는 물론 지방자치단체에서 버팀목 역할을 해주어야 할 것이다.

(2019. 1. 20.)

가난 · 믿음 · 노력 · 성실로 쌓아올린 수필의 탑

– 첫 수필집 『나이 드는 즐거움』 출간에 부쳐 –

김학(수필가, 신아문예대학 수필전담교수)

1. 수필가 이우철과 수필의 만남

수필가 이우철, 그는 전주이씨 덕흥대원군의 후손이다. 1950년 5월 26일 순창군 적성에서 아버지 이원주와 어머니 최덕순의 5남매 중 장남으로 태어났다. 가난한 농가의 장남으로 태어난 이우철은 아르바이트를 하며 순창에서 중고등학교를 다녔고, 직장생활을 하면서 한국방송통신대학교 행정학과를 졸업했으며, 전북대학교 행정대학원 석사과정을 마친 노력파다.

군대생활을 마친 이우철은 공무원시험에 합격하여 1975년 6월부터 고향인 순창 읍사무소에서 공무원생활을 시작했다. 3년 뒤에는 전주시청 총무과로 전근을 했고, 다시 2년 뒤에는 전라북도 양정과로 옮기는 등 승승장구하며 공무원생활을 이어갔다. 또 도청에서도 총무과, 공보관실, 기획관실을 거쳐 사무관으로 승진하면서 익산시 성당면장과 인화동장을 거쳐 다시 도청으로 돌아와 새만금사업단, 친환경농업과 계장으로 근무하고, 2009년 6월 전라북도 도로사업소에서 행정사무관으로 35년 공무원생활을 마치고 정년퇴직을 했다.

이우철은 학창시절부터 문학에 대한 꿈을 키우고 있었다. 그는 공무원생활을 접은 뒤 전북대학교 평생교육원 수필창작반에서 수필과 만나게 되었다.

수필공부에 진력하더니 종합문예지 『대한문학』 2014년 가을호에서 「아버지」, 「어머니의 옷차림」으로 신인상을 수상하여 당당히 수필가로 등단하게 되었다.

등단 5년이 지나서 마침내 그동안 써 모은 수필 60편을 6부로 나누어 『나이 드는 즐거움』이란 제목의 첫 수필집을 출간하게 되었다. 축하할 일이다. 이우철은 그동안 서예에도 정진하여 전라북도미술대전 초대작가로 이름을 날리고 있다.

중학교 2학년 때부터 신앙생활을 시작한 이우철은 현재 전주 중앙재림교회 수석장로로 봉직하고 있다. 이우철은 장인 임찬희와 장모 이매자의 1남5녀 중 셋째 딸인 아내 임춘례와 결혼하여 1남 1녀를 두었다. 아들 이성화는 연세대 경영학과를 나와 공인회계사가 되어 대전 정보통신연구원에서 근무하고 있는데 보건복지부에 근무하는 며느리 김지혜와의 사이에 손주 셋을 두었다. 딸은 목회자의 사모로서 부산 덕천교회 목사로 시무하고 있는 사위 오창규와의 사이에 아들 쌍둥이를 두었다.

수필가 이우철은 지금 전북문인협회, 전북수필문학회, 대한문학작가회, 행촌수필문학회, 순창문학, 강천문학 회원으로서 활발하게 문학활동을 하고 있다.

그밖에도 녹조근정훈장, 국무총리 표창, 행자부장관 표창 등을 수상했으며, 서예가로서는 전북미술대전 우수상, 지방행정공제회 미술대전 장려상 등을 수상하기도 했다. 이제 이우철의 수필 속으로 들어가보자.

2. 이우철 수필 들여다보기

수필은 작가와 독자의 힘겨루기라 해도 지나친 말은 아닐 듯하다. 작가와 독자 사이에 펼쳐지는 고도의 심리전이라는 이야기다. 수필가는 모름지기 독자의 심리상태를 예상하고 그에 대처하면서 작품을 빚어야 한다. 읽을거리가 풍부한 오늘의 독자는 겨자 씨 같은 작가의 작은 결점만 보여도 읽던 책을 금세 덮어 버리려고 한다. 수필가는 독자의 그런 심리상태를 파악해야 하고, 독자들에게 그런 빌미를 주지 않게 작품을 빚어야 한다는 말이다. 독자가 처음부터 호기심을 갖고 작가에게 끌려오도록 유도하지 않으면 안 된다. 한 편의 작품을 다 읽은 뒤에 독자가 머리를 끄덕이거나 무릎을 치며 공감의 미소를 자아내도록 해야 할 것이다. 거기까지가 바로 수필가의 몫이라고 생각한다.

누군들 자기의 고향을 그리워하지 않으랴. 수필가 이우철 역시 고향을 떠올리면 거미의 똥구멍에서 거미줄이 쏟아지듯 아름다운 추억이 이어질 것이다.

순창 적성은 은어의 고장이다. 섬진강이 흐르는 고장이어서 꺽지, 날치, 은어 등의 민물고기가 많이 서식하는 곳이다. 그래서 여름철이면 천렵꾼들이 즐겨 찾는 곳이다.

> 6 · 25가 휩쓸고 간 뒤 오랫동안 우리 집 마루 밑에는 사용하지 않은 M1총 실탄이 클럽으로 많이 쌓여 있었다. 철모르던 우리는 무서운 흉기를 가지고 놀았으니 생각만 해도 끔찍한 일이다.
>
> -「내 고향」 결미-

6 · 25가 지난 뒤 시골 아이들은 으레 탄피를 갖고 놀았다. 탄피 따먹기가 즐거운 놀이의 하나였다. 화자는 중학교 때부터 신문배달을 하는 등 아르바이트를 하면서 공부를 했었다. 그러다 보니 학교에서는 만년 지각생이었다. 선생님도 으레 그러려니 여기며 격려를 해 주었다. 중학교를 졸업했으나 고등학교에 진학할 형편이 되지 않아서 인쇄소에 취직을 했다. 그러나 공부를 하고 싶어서 은사이신 순창고등학교 양운섭 교감선생님을 찾아가 상의했더니 5월 중순임에도 입학 준비물을 적어주며 진학할 수 있게 도와주셨다고 회고한다. 교과서도 없는 고등학교 신입생 생활을 하다가 2학년 때부터는 열심히 공부를 하기 시작했

다. 순창에 도서관이 없던 그 시절 학교 교실은 학생들의 공부방으로 개방되었다. 마음 놓고 공부할 수 있었던 그 시절이 마냥 행복했었다고 회고한다.

이우철은 순창고등학교를 졸업하고 군대에 다녀와서 조그만 인쇄소를 차렸다. 그때 농협대학을 나와 농촌운동을 하던 K 선배의 권유로 야간직업중학교 교사가 되어 중학교에 진학하지 못한 소년소녀들을 가르치기 시작했다. 30여 명의 야간학생들은 나름대로 열심히 공부하여 검정고시를 거쳐 고등학교에 진학하기도 했고, 큰 사업가로 변신하기도 했다. 지금 60대가 되었을 그 학생들이 어떻게 살고 있는지 만나보고 싶어 한다.

문학은 체험의 재구성이라고 했다. 특히 수필은 체험 자체가 가장 내세울 만한 강점이다. 그 체험에 의미부여란 양념이 제대로 버무려지지 않으면 수필로서 대접을 받지 못한다. 이우철 수필을 읽어보면 우선 다양한 체험의 소유자임을 알 수가 있다. 가난이 준 체험, 그 가난을 극복하려는 노력 그리고 무에서 유를 창조하려는 성실, 그 모두가 적절히 배합되어 오늘날 이렇게 수필의 탑을 쌓을 수 있게 되었다.

문장삼이文章三易란 말이 있다. 수필의 문장은 '보기 쉽고, 알기 쉬우며, 읽기 쉽게' 쓰라는 뜻이다. 헤밍웨이 같은 대문호도 오죽하면 '글은 쉽게 쓰는 것이 더 어려운 법'이라고 했겠는가?

수필은 수필가인 '나'의 시삭에서 출발하여 '나'의 생각으로 글을 끌어나가기 때문에 작가의 인격이 그가 쓴 글속에 그대로 나타나기 마련이다. 그것이 수필의 묘미다.

수필가 이우철은 늘 붙어살던 아내가 보름 예정으로 필리핀에 사는 딸네 집을 다니러 가자 아내의 빈자리를 메우느라 힘들어 한다. 밥을 짓고 빨래를 하며 반찬을 만드는 일이 어찌 그리 만만하던가?

> 부부란 서로 돕는 사이가 되어야 한다. 같이 있어야 어울리지 따로 떨어져 있으면 남자는 홀아비 냄새가 나기 마련이다. 그동안 나는 아내에게 어떠한 사람이었을까! 오직 월급이 통장에 들어가면 그것으로 할 일 다 했다고 큰소리를 치며, 아침 일찍 나갔다가 저녁 늦게 들어와야 했던 낯선 하숙생이었다. 젊은 시절 결혼기념일이나 생일이 되어도 '매년 돌아오는 그날들이 뭐 그리 중요하느냐?'며 챙겨주지 못했던 속 좁은 남편이었다. 평범한 일상에 행복이 있었던 것을 생각해 보니 부끄럽고 미안할 뿐이다.
>
> -「아내의 빈자리」 중에서-

수필이 자기 성찰의 문학임이 분명하다. 아내의 빈자리를 겪으면서 깨닫게 된 자기반성이다. 대부분의 남편들도 이와 대동소이할 것이다.

목사와 결혼하여 목사 사모가 된 딸은 결혼 후 5년 동안이나 아기를 낳지 못하여 친정부모의 애간장을 태웠단다. 그런 딸이 아들 쌍둥이를 낳았으니 얼마나 기뻤겠는가? 그런 딸이 필리핀에서 선교사 사모로 일하다가 한 달 동안 친정을 찾아와 휴가를 즐겼으니 그 집안 분위기가 얼마나 시끌벅적했겠는가? 두 손자를 외할아버지가 목욕탕에 데리고 가면 아이들은 수영을 즐기며 시간 가는 줄 모른다. 그때 외할아버지는 얼마나 행복하고 흐뭇했을까? 외손자들에게는 아낌없이 주고 싶은 게 외할아버지의 마음이 아니던가?

> 두 손자들에게는 이미 약속했던 대로 레고로봇을 사주었다. 아이들 장난감은 나이에 따라 수준이 다르지 않던가. 두 살쯤에는 뽀로로, 세 살에는 토마스 기차, 네 살쯤엔 폴리, 다섯 살엔 또봇이며 갈수록 가격이 높아진다. 일곱 살인 이번에는 무얼 고를지 궁금했다. 당장 레고 코너로 가더니 두 녀석들이 다 그걸 골랐다. 삽시간에 조립하여 노는 것을 보니 덩달아 즐거워졌다. 레고로봇은 단순한 장난감이 아니었다. 여러 형태로 변신할 수 있어 자동차가 되고 새나 비행기가 되기도 했다. 다용도로 변신하니 아이들이 좋아할 수밖에.
>
> –「주는 사랑 받는 행복」 중에서–

수필가 이우철은 생활 주변에서 글감을 잘 찾는다. 「밥은 먹었느냐」도 그런 부류의 수필이다. 어머니에 대한 회상기다.

> 직장에 다닐 때 나는 밤늦게 들어올 대가 많았다. 문간에서 기다리다 문을 열어주시며 '밤길 조심히 다니거라. 밥은 먹었느냐?' 늘 하시던 말씀이다. 환갑이 가까운 아들을 염려하시는 어머니를 보며 '별것을 다 걱정하신다.'고 하면서도 이것이 어머니의 마음이려니 생각하니, 들어도 또 들어도 싫지 않았다.
>
> –「밥은 먹었느냐」 중에서–

누구나 어머니는 추억의 보고寶庫다. 그래서 어떤 수필가는 어머니를

'움직이는 고향'이라고 표현했었다. 어머니의 말씀 한마디 한마디와 행동 하나하나는 다 고향에 대한 추억을 되살려주기 마련이다.

수필은 다른 어떤 문학 장르보다 작가의 개성이 글속에 그대로 잘 드러난다. 그것은 작가 자신이 겪은 것을 자신의 목소리로 풀어내는 까닭이다. 수필은 평범한 일상에 새로운 의미의 옷을 입히는 문학이라고 할 수 있다. 의미의 옷이란 곧 의미화 또는 형상화라고 달리 표현할 수도 있을 것이다.

> 잊지 못할 선생님이 마음에 있다는 것은 행복한 일이다. 배움의 길목에서 추억과 얼이 모두 묻어나기 때문이다. 누구인들 스승이 없으랴만 나에게 각별한 선생님 한 분이 계신다. 중학교 다닐 때의 일이다. 신설학교라서 학생들은 종종 노력봉사에 참여해야 했다. 이른 봄에 눈이 쌓였다 녹기를 반복하는 등굣길에 모래를 깔기도 하고, 화단을 만들며 땀에 젖고 진흙투성이가 될 때마다 "힘들지? 고생했어!" 하며 격려해 주시던 Y 선생님은 이 학교의 창업주나 다를 바 없었다. 함께 만든 화단에 장미, 코스모스를 심고 꽃이 피는 날 하늘거리는 창밖을 보며 공부하던 일을 생각하면 지금도 행복에 젖는다.
>
> —「스승의 날에」 서두—

잊지 못할 선생님을 본명이 아니라 Y라는 이니셜로 표기한 것은 잘못이다. 존경하는 스승이니 만큼 본명을 밝히는 게 좋았을 것이다. 어느 수필에 그 선생님의 본명이 양운섭으로 밝힌 적이 있다. 이우철이 고등학교에 입학할 수 있게 도와주신 선생님이라고 소개했었다.

학창시절을 회고하면서 잊을 수 없는 선생님 한 분을 마음속에 새기고 산다는 것은 행복이 아닐 수 없다. 그런 의미에서 이우철은 행복한 수필가다.

일찍이 프란시스 베이컨은 역사가 기억에, 철학이 이성에 의지할 때, 문학은 상상을 바탕으로 전개된다고 했다. 그렇다. 상상력이 들어가지 않은 문학은 이미 문학이 아니다. 여기에서 상상이란 무엇인가? 상상은 사실의 세계에 매이지 않고 사실들을 마음대로 변형시켜 사실보다 더 아름답게, 더 좋게, 더 다양하게 만들어 즐기는 것이라고 했다. 그것이 바로 작가의 능력이다.

사르트르는 문학작품을 탄약을 잰 권총에 비유한 적이 있다. 창작은 곧 권총을 쏘는 일이나 다를 바 없다고 한 것이다. 그러므로 작가는 권총으로 쏠 표적을 택한 이상 정곡을 겨누어 쏘아야 한다는 것이다. 이왕 쏘기로 마음을 먹었으면 목표를 명중시켜야 할 것이다. 즉 작가가 쓴 작품을 독자가 읽고 감동하도록 하는 일, 그것이 바로 작가가 해야 할 과업이라고 하지 않을 수 없다.

이우철은 눈에 띄는 것을 수필 소재로 삼을 줄 안다. 수필에 대한 일가를 이루었다는 뜻일 것이다. 이번에는 길에서 만난 질경이가 수필 소재로 동원된다.

> 길을 가다가 질경이를 보면 누님 생각이 난다. 달구지에 짓이겨지고, 뭇사람들의 발에 밟혀 쓰러져도, 다시 돋아나는 모진 생명력을 가진 질경이는 어쩌면 누님을 많이 닮았다. 누구도 감내하기 힘든 질곡의 길을

걸어오신 누님의 칠순을 맞아 진심으로 축하와 감사를 드린다.

> 어머니는 봄에 행상을 나가 겨울에 돌아오셨다. 학업을 엄두도 내지 못했던 누님은 어머니나 다를 바 없었다. 동생들은 오직 누님이 기댈 수 있는 언덕이요 버팀목이었다. 용돈이라도 쓸 요량으로 호롱불 밑에서 밤새워 놓던 베갯잇 수를 만들어 팔아 얻은 수입도 동생들이 학비가 없어 쩔쩔맬 때면 "이거 쓰거라." 하며 기꺼이 내놓기도 했다.
>
> –「질경이와 누님」 서두–

예로부터 큰딸을 살림의 밑천이라고 했던 이유를 알만하다. 동생들을 돌보는 누님의 그러한 헌신이 없었다면 그 동생들은 어떻게 되었겠는가? 그런 누나가 스물한 살에 결혼을 하여 딸 둘에 아들 하나를 낳았다. 그 아이들이 초 · 중 · 고등학교에 다닐 때 자형이 바람이 나서 집을 나가버렸다. 그때부터 누님은 광주로 이사를 하여 닥치는 대로 일을 하면서 그 아이들을 키우고 가르쳤다. 그 아이들도 잘 자라서 지금은 결혼을 하고 직장생활도 하며 어머니에게 효도를 다하고 있다. 그 누님은 지금 기독교에 귀의하여 행복한 노후를 보내고 있다.

수필에는 다섯 가지 맛이 있어야 한다. 새타이어(satire: 풍자), 아이러니(irony: 반어), 패러독스(paradox: 역설), 유머(humor: 해학), 위트(wit: 재치)가 바로 수필의 5미五味다. 수필에 이 맛들을 적절하게 잘 버무려야 수필의 독특한 맛을 낼 수 있고, 그게 독자를 끌어들이는 고명이 될 것이다. 꽃으로 말하자면 향기라고나 할까?

직장 전근 때문에 고향을 떠나 전주로 삶의 터전을 옮긴 이우철에게 고향 교회에서 홈커밍데이(Home coming day) 초청장을 보내주었다. 그 초청장을 받고 얼마나 설렜겠는가? 서울 광주 제주 전주 등지에서 달려온 옛날의 교우들을 만났을 때 얼마나 기뻤으랴.

마음이 흔들릴 때 정신적 지주가 되어 주었고, 포근한 안식처가 되어준 고향교회는 당시 삶의 터전이기도 했다. 이렇듯 힘을 모아 아담한 교회를 건축하고 잊혀 가는 선배들을 초청하여 멋진 추억을 선물하고 있으니 고맙고 감사할 따름이다.

-「어떤 초청장」 결미-

우주만물이 다 수필의 소재라 했다. 또 양주동 박사 같은 분은 우수마발(牛溲馬勃 : 소 오줌 말 똥)까지도 수필의 소재가 될 수 있다고 했다. 이런 소재들 가운데서 어느 것을 선택할 것인가는 오로지 수필가에게 달려있다.

영국의 작가 Legett는 일찍이 무엇을 보았느냐가 문제가 아니라 직관과 사색으로 그 본 것에서 어떤 의미를 발견했느냐가 중요하다고 갈파했다. 정곡을 찌르는 이야기가 아닐 수 없다.

수필가로서 좋은 수필을 빚고 싶다면 모름지기 많이 읽고, 많이 쓰며, 많이 생각하라는 구양수의 삼다설三多說을 깊이 가슴에 새겨두어야 할 것이다.

일꾼이 일자리를 잃어버렸으니 하루하루가 밋밋하다. 은퇴를 하고 어제나 오늘이 다르지 않으니 등산을 하거나 서예학원을 가기 마련이었다. 있는 것이 시간뿐이니 멀어져가는 지난날의 흔적을 더듬어보고 싶었다. 가벼운 바람에도 힘없이 날리는 낙엽을 보며 아쉬움에 젖어보기도 했다. 누군가와 찻잔을 기울이며 속마음이라도 터놓고 싶은 심정이었다.

-「수필을 배우며」-

정년퇴직을 한 뒤 수필과 인연을 맺게 된 배경을 이야기하고 있다. 하지만 글쓰기가 그리 만만한 일이던가? 어려서 연애편지 한 번 써보지 않은 이우철로서는 엄두조차 내기 어려웠을 것이다. 그러던 이우철이 용기를 내어 전북대학교 평생교육원 수필창작반 문을 두드렸다. 수필반에서 공부하면서 문우들의 글을 읽고 여러 가지 깨달음을 얻게 되었다. 특히 팔순의 K 여사가『은비녀』란 첫 수필집을 내고 행복해 하며 두 번째 수필집을 내려고 벼르더니 갑자기 세상을 뜨고 말았다. 이우철은 그 충격을 잊을 수가 없다고 했다.

글을 쓰는 일은 자신과의 대화다. 오래된 기억의 이삭줍기나 다름없으니 많은 사유의 과정이 필요하다. 지난 날은 물론 오늘을 살아가는 우리의 숨결을 묘사하는 일이다. 숨겨진 보석을 찾아내고 의미를 담기 위해 노력해야 한다. 한 편 한 편의 작품을 완성하고 나면 마음이 후련해진다. 버리기 아까운 흔적을 정리하다 보니 감동에 젖기도 한다. 이 모두 나의 흔적이요, 소중한 자산이다. 초가을 귀뚜라미가 울고 마당에 달빛이 쏟아지는 밤에도 이삭줍기의 긴 터널을 헤매는 날이 늘어났다.

-「수필을 배우며」 중에서-

한 편 한 편 수필을 빚기 시작한 이우철은 드디어 수필공부를 시작한 지 5년 만에 이렇게 한 권의 수필집을 출간하게 된 것이다. 얼마나 자랑스럽고 보람이 크겠는가? 글쓰기에 관심을 갖게 되면 등단을 하고 싶고, 등단을 하고 나면 시집이나 수필집 등 문집을 묶어내고 싶기 마련이다. 그러고 나면 문학상을 받고 싶어지기 마련이다. 등단한 지 얼마나 되었는가, 그리고 저서가 몇 권이나 되는가로 그 문인의 품격이 결정되는 법이다. 그러니 부지런히 창작활동을 해야 하고 저서도 출간해야 한다.

이우철은 정년퇴직 4년 전부터 취미로 서예공부를 시작했다고 한다. 좋은 좌우명 하나쯤 자기 방에 걸어놓고 마음을 다스리고 싶었다고 한다. 2013년 전라북도미술대전에 다산 선생의 글귀를 출품해서 우수상을 받기도 했단다. 얼마나 기뻤겠는가?

> 붓글씨를 쓰다 보니 주옥같은 글을 남긴 성현들을 많이 만난다. 다산 선생은 그 시대의 아까운 인재였지만 당파싸움으로 유배되어 전남 강진에서 18년간 아까운 세월을 보내지 않았던가? 유배지에서 남긴 『목민심서』, 『흠흠신서』, 『경세유표』, 『여유당일기』 등은 후세에 더없는 교훈이 되고 있다. 정치 경제 사회는 물론 가정생활에 이르기까지 섭렵한 주옥같은 글이다. '시절을 아파하지 아니하고 세속에 분노하지 않으면 시가 아니라'고 유배지에서 아들에게 보낸 편지는 지금도 늘 회자되고 있다.
>
> -「書如其人」 중에서-

먹을 갈고 묵향에 젖어 붓을 잡으면 잡념이 없어지고 시간 가는 줄 모른다. 더구나 자기가 좋아하는 글귀를 골라 작품을 만들고 동호인들과 교유하며 유유자적할 수 있으니 좋다고 강조한다. 욕심을 버리고 주어진 여건에서 좋아하는 일을 하다 보니 평화가 찾아온다고 했다. 그렇다. 마음을 안정시키는 데는 서예와 수필쓰기처럼 좋은 방법이 없을지도 모른다.

수필은 용광로라고 할 수 있다. 수필이란 용광로에 시를 넣으면 서정수필이 나오고, 소설을 넣으면 서사수필이 나온다. 또 평론을 넣으면 비평수필이 나온다. 수필은 무엇이든지 소화할 수 있는 만능 용광로라는 이야기다.

산골 출신인 이우철은 중학교 3학년 때까지 기차를 보지 못하고 살았다. 하늘을 나는 비행기는 보았지만 기차나 배는 볼 수가 없었을 것이다.

> 기차 한 번 타보는 것이 꿈이었다. 반경 10km밖을 떠나본 적이 없는 우물 안 개구리였다. 날씨가 궂거나 끄무레한 날이면 이웃 남원 금지를 지나 곡성으로 가는 기적소리만 아스라이 들려올 뿐이었다. 중학교 수학여행을 가던 날, 임실 관촌역 주변에서 우리 버스와 평행선을 달리던 기차를 보고 그만 "야, 기차다!" 엉겁결에 탄성을 지르다가 촌놈의 본색이 드러나며 부끄러워 몸을 움츠리고 말았다.
>
> –「열차여행」 중에서–

시골소년의 순수한 체험을 진솔하게 잘 묘사하고 있다. 수필가 이우철이 태어나서 자란 순창은 지금도 기차가 다니지 않는다. 이우철은 순창 출신답게 심성이 무척 순박하다. 이우철의 생각도 그런 쪽으로 모아지기 마련이다.

> 하버드대 연구팀은 75년간 행복에 관한 연구결과를 발표했다. 700여 명의 삶을 계속적으로 추적하고 분석한 결과 '사람을 진정으로 행복하게 하는 것은 부와 명예가 아니라 좋은 관계'라는 사실을 알게 되었다. 사회적으로 인간관계가 좋은 사람은 대부분 장수하였고, 그렇지 않은 사람은 고독하여 단명할 수밖에 없었다. 친구의 수가 중요한 게 아니라 단 한 명이라도 마음을 털어놓을 수 있는 관계의 질이 중요했다. 좋은 관계는 뇌를 보호하고 정신적으로 안정감을 준다는 분석이었다.
>
> —「좋은 관계」 중에서—

사람이 살아가는데 있어서 인간관계가 좋아야 한다는 것은 만고불변의 진리가 아닐 수 없다. 사람은 태어나면서부터 그물망처럼 수많은 관계를 이루며 살아가기 마련이다. 부모, 자식, 형제, 친구, 부부, 사제 등의 관계가 형성된다. 그 수많은 관계를 원만히 이어가기란 그리 쉬운 일은 아니다.

일찍이 수필가 피천득은 수필문학이란 자연을 사랑하고 사람을 사랑하는 마음으로 해야 좋은 문학이 된다고 했다. 꼭 수필가 이우철을 빗대어 이야기한 것 같다. 순박하고 아름다운 순창에서 태어나 자랐고 어려서부터 기독교에 귀의하여 마음을 닦았으니 그가 빚은 수필들은 편편이 아름답고 훈훈한 인정이 녹아들어 독자의 눈길을 끌 수밖에 없을 것이다. 심성이 순박한 이우철 수필가가 빚는 수필은 독자의 사랑을 받는 작품이 될 수밖에 없을 것이다.

3. 수필가 이우철이 가야 할 길

수필의 독자는 한문이나 번역문투의 문장을 좋아하지 않는다. 문장이 감성적이며 부드러워야 읽고 싶어 한다. 수필가가 발표한 수필을 읽은 독자가 머리를 끄덕이며 공감하면 그건 좋은 수필이고, 독자가 고개를 갸웃거리면 그건 좋지 않은 수필이라 할 수 있다.

이우철 수필가의 수필에는 한문 투의 문장이 자주 끼어든다. 오랜 서예공부에서 한자와 가까워진 탓일 것이다. 수필에서 한자를 자주 활용하면 문장이 딱딱해져서 나긋나긋하고 아름다운 우리말의 멋과 맛을 살리기 어렵다. 이 점을 가슴에 깊이 새겨두면 좋을 것 같다.

이우철 수필가는 앞으로 참신한 소재 찾기와 멋진 제목 짓기에 최선의 노력을 기울여주기 바란다. 제목이 좋아야 독자가 읽고 싶은 충동을 느끼고, 참신한 소재를 찾아 수필을 빚어야 독자의 사랑을 받을 수 있는 법이다. 그리하여 이 첫수필집 『나이 드는 즐거움』이 이우철 수필가의 종착 수필집이 아니라 출발 수필집이 되어서 3년 터울로 계속 출간되기를 기대한다.

수필은 언어예술이다. 그런데 우리가 늘 사용하는 언어에는 '사실언어'와 '감정언어'가 있다. '사실언어'는 때로는 듣는 사람에게 불쾌감을 줄 수도 있다. 그러나 '감정언어'는 상대방에게 기쁨과 즐거움을 준다. 그러니 수필을 쓸 때 가능하다면 '감정언어'로 문장이란 무늬를 짜면 좋지 않을까 싶다. 수필가 이우철의 문운이 더욱 창성하기를 빌어마지 않는다.

이우철 수필집

나이 드는 즐거움

인쇄 2019년 05월 20일
발행 2019년 05월 24일

지은이 이우철
발행인 서정환
펴낸곳 수필과비평사
주소 서울시 종로구 삼일대로 32길 36(익선동 30-6 운현신화타워 빌딩) 305호
전화 (02) 3675-3885 (063) 275-4000 · 0484
팩스 (063) 274-3131
이메일 shina2347@naver.com essay321@hanmail.net
출판등록 제300-2013-133호
인쇄 · 제본 신아출판사

ISBN 979-11-5933-219-7 (03810)
값 13,000원

이 도서의 국립중앙도서관 출판시도서목록(CIP)은 서지정보유통지원시스템 홈페이지(http://seoji.nl.go.kr)와 국가자료공동목록시스템(http://www.nl.go.kr/kolisnet)에서 이용하실 수 있습니다.(CIP제어번호: CIP2019019989)

Printed in KOREA